KB260563

한국사회를 알면
진로와 진학이 보인다

조진표 지음

에듀니티

데이터로 읽는
대한민국 진로·진학의 미래

한국 사회를 알면
진로와 진학이 보인다

2004년, '진로는 곧 진학'이라는 인식이 우리 사회를 지배하고 있었다. 당시 사회적으로 큰 관심조차 없던 진로교육에 발을 내디딘 지도 어느덧 20년이 흘렀다. 일찍 세상을 떠난, 너무도 그리운 형(故 조진만)의 아이디어를 내가 이어받아 시작한 일이었다.

지난 20년 동안 거의 매년 100회 이상의 강연을 하며 전국의 교육청과 학교, 지자체를 찾아다녔다. 학부모와 교사, 학생들을 만나기 위해 가보지 않은 교육지원청이 없으며, 발길이 닿지 않은 동네가 없다고 해도 과언이 아닐 만큼 현장을 누볐다. 그렇게 쉼 없이 현장을 누비는 동안 진로교육은 나의 간절한 바람대로 우리 사회에 깊이 뿌리를 내렸다. 학교 현장에는 진로교육이 필수 과정으로 자리 잡았고 진로교사가 배치되었다. 이와 더불어 진로교육법이 제정되었고, 전국 곳곳에 진로교육원과 체험센터가 들어서며 현장의 전문성 또한 강화되었다. 지금은 마치 원래부터 그랬던 것처럼 익숙해진 교육의 일상이지만, 20년 전에는 그 누구도 쉽게 그려내지 못했던 결실이다. 많은 이들의 노력이 모인 결과이나, 그 거대한 변화의 흐름에 미력하게나마 일조했다는 사실에 깊은 자부심을 느낀다.

내가 개발하여 특허를 받은 '학과계열선정검사'는 지금도 매년 학교에서 10만 명 이상의 학생들에게 적성검사로서 진로의 나침반이 되어주고 있다. 국가사업인 잡월드 건립 당시 설계자문위원을 역임했고, 교육부와 지자체가 함께 세운 첫 번째 진로교육원인 강원특별자치도교육청진로교육원의 콘텐츠 설계를 맡기도 했다. 지금 이 순간에도 교육부가 운영하는 소통 플랫폼인 '함께학교'에서 진로진학 전문가로 국민들의 질문에 답하며 역할을 이어가고 있다. 이러한 경험들이 차곡차곡 쌓인 끝에, 이제야 비로소 우리 진로진학교육에 대해 조심스럽게 한마디 보탤 자격을 갖추었다는 마음으로 이 책을 집필했다.

전국을 돌며 외부자의 시선으로 바라본 교육 현장에는 희망과 절망이 늘 공존했다. 어떤 상황에서도 웃으며 미래를 꿈꾸는 아이들, 그 곁을 묵묵히 사랑으로 지키는 선생님들, 그리고 조건 없이 자녀의 행복만을 바라는 부모의 순수한 마음을 만날 때 나는 희망을 본다. 반면, 사회 곳곳에서 마주하는 기성세대의 탐욕과 이기심은 나로 하여금 깊은 절망을 마주하게 한다. 교육의 힘으로 지금의 풍요를 누리는 이들이 정작 아이들에게는 그 동력이 되었던 교육의 가치를 되돌려주려 하지 않는다. 오히려 사신의 이익을 공고히 하기 위해 교육을 정치적으로 활용하면서, 아이들을 명분으로만 내세우는 모습은 가증스럽기까지 하다.

그렇다고 내가 교육계의 완전한 내부자인 것도 아니며, 거창한 개혁을 주도할 위치에 있지도 않다. 나 또한 아이를 걱정하면서도 기성세대의 이해관계에서 자유롭지 못한 한 명의 학부모이기에, 타인을 설득하는 일이 얼마나 어려운지 잘 안다. 아이들이 과도한 경쟁에 내몰리는 원인이 서울 집중 현상과 부동산 문제에 있음을 알면서도, 동시에 내 집값은 오르길 바라는 모순된 마음과 크게 다르지 않을 것이다.

그래서 이 책은 누구를 설득하거나 바꾸겠다는 거창한 목표를 세우지 않았다. 대신 한국 사회의 여러 단면이 교육과 어떻게 맞물려 돌아가는지, 그것이 결과적으로 우리 아이들의 진로에 어떤 영향을 주는지를 담담히 밝히고자 했다. 기성세대의 이익에 가려 왜곡되었던 정보들의 실체를 학부모들에게 제대로 알리는 데 집중했다.

내용의 객관성을 지키기 위해 확인되지 않은 소문이나 감상적인 접근을 배제하고, 국가나 공신력 있는 기관이 발표한 공인 자료를 최대한 활용했다. 다만 여기서 한 가지 양해를 구하고 싶은 점이 있다. 정확한 자료를 사용하다 보니 자칫 데이터가 1~2년 전의 것처럼 느껴지는 경우가 발생하기 때문이다. 정부가 발표하는 공인 자료들은 대개 전년도의 일들을 정리·분석하여 이듬해 말에 발표하는 식이다. 가령 2024년 당해 연도의 통계가 2025년 말이 되어서야 세상에 나오는 경우가 많다. 이 때문에 수치상으로는 다소 늦은 감이 있을 수 있으나, 이는 현시점에서 활용 가능한 가장 최신의 분석 결과다. 글을 읽을 때는 수치 그 자체보다 그 안에 담긴 경향성과 내재된 의미를 파악하는 데 집중해주길 바란다.

이 책에 실린 글들은 각각 독립적인 현상이나 주제를 다루고 있다. 읽는 사람의 활동 분야나 전문성에 따라 어떤 글은 미시적으로, 또 어떤 글은 거시적으로 보일 수도 있을 것이다. 그러니 굳이 순서대로 읽지 않아도 좋다. 어느 페이지든 마음 가는 주제를 먼저 찾아 읽는 것만으로도 충분하다.

부족한 나를 항상 지원하고 응원해준 수변의 모든 이들에게 깊은 감사를 전한다. 이 책이 그들의 응원이 결코 틀리지 않았음을 증명하는 작은 기록이 되기를 바라는 마음으로 한 글자 한 글자 정성을 다해 기술했다.

2026년 3월 1일

조진표

1장 데이터가 말해주는 한국 사회

2장

격변하는 교육 및 입시제도

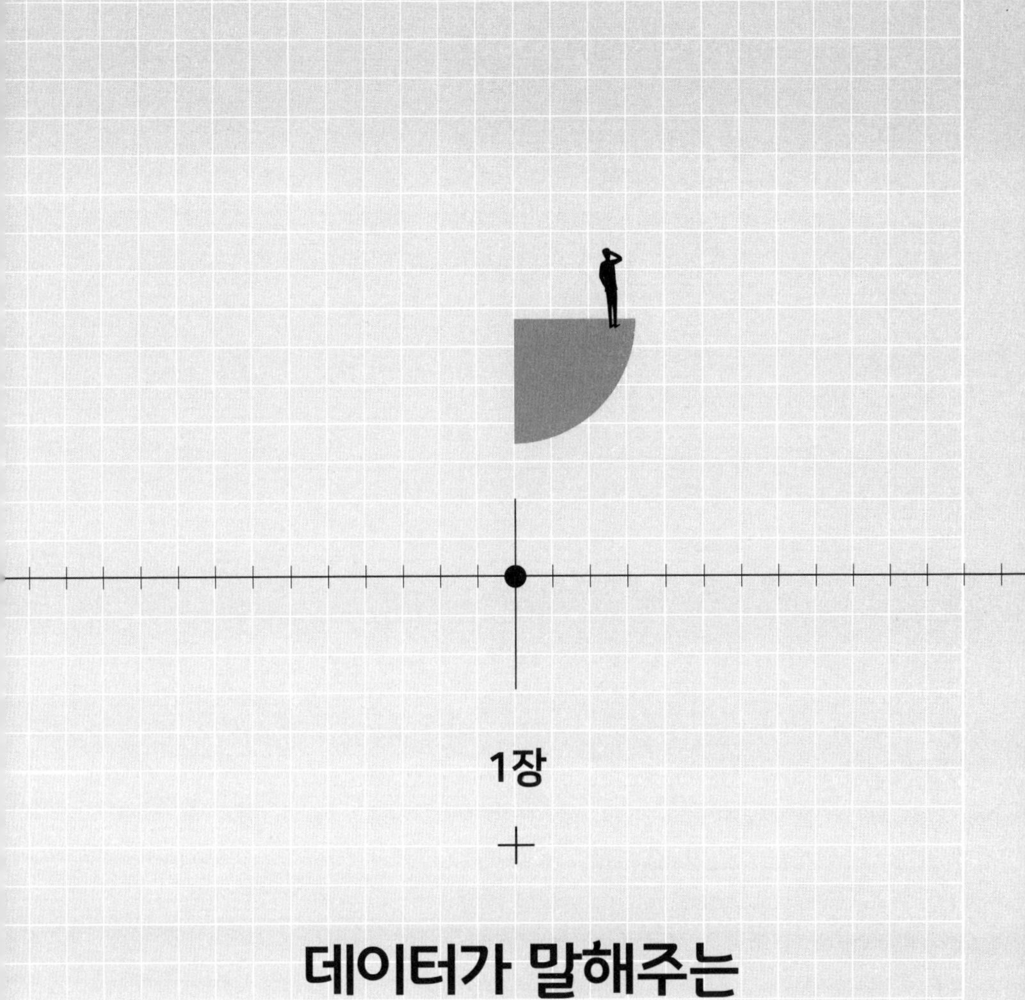

1장

+

데이터가 말해주는
한국사회

'서울 자가·대기업 김 부장'은
상위 1% 판타지다

얼마 전 〈서울 자가에 대기업 다니는 김 부장 이야기〉라는 드라마가 방영되어 대중들 사이에서 폭발적인 인기를 끌었다. 이 작품은 본래 직장인들 사이에서 입소문을 타며 화제가 되었던 원작 소설을 드라마화한 것으로, 대한민국 기성세대가 겪는 현실적인 고뇌와 삶의 애환을 가감 없이 그려냈다는 점에서 시청자들의 깊은 공감을 얻었다. 화면 속 김 부장이 마주하는 직장 내 갈등과 일상의 무게를 보며, 수많은 사람들은 그의 모습에서 자신의 삶을 투영하며 심리적 동일시를 느꼈고 이를 통해 대리 만족과 위안을 얻기도 했다.

하지만 우리는 여기서 아주 냉정하고 비판적인 질문을 하나 던져보아야 한다. 과연 드라마 속 주인공인 '김 부장'이 누리는 환경, 즉 '서울에 내 집이 있고 번듯한 대기업에 다니는 가장'이라는 설정이 정말 우리 주변에서 흔히 볼 수 있는 보편적이고 평범한 사람의 모습인가 하는 점이다.

결론부터 말하자면, 통계가 증명하는 실체는 대중의 인식과 전혀 다르다. 우리가 김 부장의 고군분투를 보며 "이것은 우리 모두의 이야기다"라고 믿는 현상은 역설적으로 우리나라 노동시장의 실제 구조를 정확히 이해하지 못하고 있는 데서 비롯된 거대한 오해에 가깝다. 우리가 흔히 '보통의 삶'이라 부르는 기준이 실제로는 전체 노동자 중 극소수만이 차지할 수 있는 희소한 영역이라는 사실을 간과하고 있는 것이다. 드라마가 그린 현실이 누군가에게는 공감의 대상일지 모르나, 통계적 관점에서 본다면 이는 대다수 서민의 삶과는 거리가 먼 '상위 1%'의 특수한 사례일 가능성이 크다.

국가데이터처에서는 매년 8월, '경제활동인구조사 근로형태별 부가조사' 결과를 발표한다. 이 방대한 보고서는 단순히 취업률을 보여주는 것에 그치지 않고, 대한민국에 거주하는 모든 인구가 현재 어떠한 고용 형태와 직업적 지위로 삶을 영위하고 있는지를 한눈에 파악할 수 있게 해주는 핵심 지표다. 다음 그림은 국가데이터처의 2025년 자료와 한국경영자총협회(경총)의 보고서를 결합하여, 우리나라 노동시장의 실제 지형도를 전체 인구 대비 비율로 직접 재구성한 결과물이다.

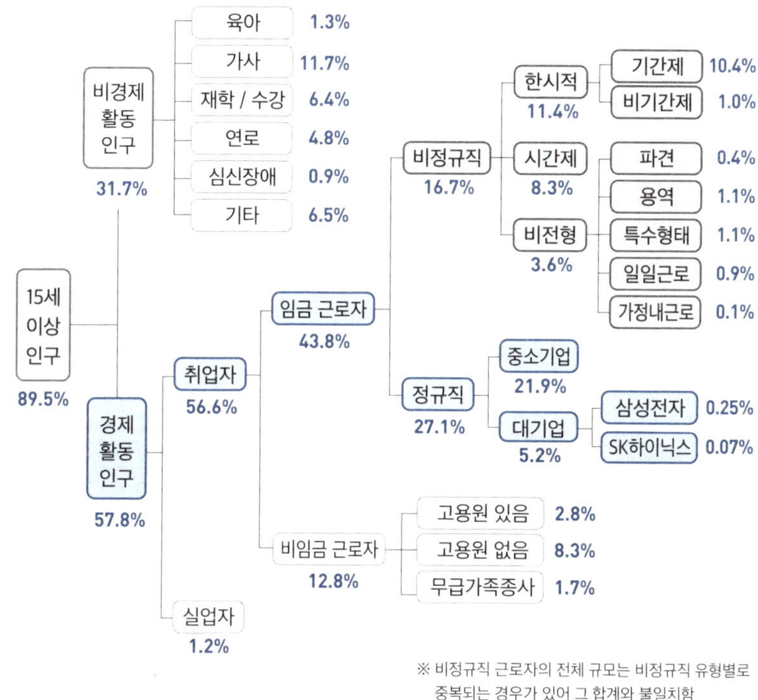

먼저, 우리가 '평범한 직장인'의 대명사로 부르는 대기업 종사자의 비율을 살펴보면 충격적인 사실을 마주하게 된다. 드라마 속 김 부장처럼 번듯한 대기업에 몸담고 있는 인구는 대한민국 전체를 통틀어 불과 5.2% 이내에 불과한 극히 희소한 집단이다. 이는 길거리에서 마주치는 100명 중 대기업 직원은 단 5명 정도에 불과하다는 뜻이다.

여기에 '서울'과 '자가'라는 변수를 더하면 김 부장의 존재는 더욱 비현실적으로 변한다. 대기업 종사자 중에서도 주택 가격이 압도적으로 높은 서울에서 본인 명의의 자가를 보유하고 있다는 것은 확률적으로 볼 때 상상하기 힘든 극소수의 영역이다. 흔히들 이런 삶을 두고 어림잡아 '상위 1%'라고 부르곤 하지만, 실제 통계적 엄밀함을 들이대면 그 숫자는 1%보다도 훨씬 적은 수준일 수밖에 없다.

그 대기업 집단 내에서도 정점에 서 있는 기업들로 시선을 돌리면 수치는 더욱 경이로울 정도로 낮아진다. 대한민국 최대 기업인 삼성전자에 재직 중인 직원은 전체 인구의 겨우 0.25%로, 이는 1,000명당 약 3명에 불과하다. 또한 요즘 대학생들이 가장 입사하고 싶어 하는 꿈의 직장인 SK하이닉스 직원은 불과 0.07%에 지나지 않는데, 이는 10,000명 중 단 7명만이 그 명함을 가질 수 있다는 것을 의미한다.

결국 데이터가 말해주는 진실은 자명하다. 우리가 드라마를 보며 김 부장의 처지에 공감하는 동안에도, 사실 김 부장은 대다수 국민이 도달하기조차 힘든 경제적·사회적 최상위층의 삶을 살고 있는 셈이다. 우리가 '평범한 애환'이라고 느꼈던 감정과 실제 노동시장의 '수치' 사이에는 이토록 거대한 간극이 존재한다.

통계적으로 볼 때, 대한민국에서 정규직으로서 안정적인 급여를 받는 것 자체가 전체 인구 중 드문 사례에 속한다. 그러나 정책 결정이나 사회적 논의 과정에서는 드라마처럼 상위 1%에 해당하는 삶을 표준적인 보통 사람의 삶으로 전제하는 경우가 많다.

대표적인 예로 대기업 노조의 사례를 들 수 있다. 대기업 노조원들은 사회 전체 노동시장에서 보면 최상위권의 대우를 받는 소수 집단이다. 하지만 우리 사회의 담론 지형은 이들 소수 근로자의 의견이 마치 전체 노동자 다수의 이익을 대변하는 것처럼 흐르는 경향이 있다. 각 경제 주체가 자신의 이익을 극대화하기 위해 노력하는 것은 시장 경제의 당연한 원리이므로, 이들의 행보 자체를 비난할 수는 없다. 다만 문제는 우리 사회 대다수가 여전히 '삶의 안정성'조차 확보하지 못한 취약한 상태에 놓여 있음에도 불구하고, 이미 가장 견고한 안정성을 확보한 소수의 이익이 과도하게 부각되는 구조적 아이러니에 있다.

결국 통계적 실체를 근거로 판단할 때, <서울 자가에 대기업 다니는 김부장 이야기>는 보편적인 보통 사람들의 애환을 담은 다큐멘터리가 아니다. 오히려 대다수는 도달하기 어려운 지점에 있는 극소수의 환경을 배경으로 한 성공 판타지물에 가깝다. 우리가 드라마 속 김 부장의 처지에 감정적으로 동조하기에 앞서, 대한민국 노동시장의 90% 이상을 차지하는 비정규직, 중소기업 종사자, 그리고 자영업자들의 불안정한 현실을 직시하는 것이 우선이다.

이러한 노동시장의 불균형은 교육 현장과 가정에도 중요한 시사점을 던진다. 현재 많은 학생과 학부모가 추구하는 교육의 종착지는 결국 '김부장'과 같은 극소수의 안정적인 울타리 안으로 진입하는 것에 맞춰져 있다. 하지만 통계가 증명하듯, 모두가 동일한 경로를 향해 경쟁하는 구조에서는 필연적으로 대다수의 낙오자가 발생할 수밖에 없다. 상위 5%의 좁은 문을 통과하는 것만을 유일한 성공으로 정의하는 진로교육은, 나머지 95%의 아이들을 잠재적 실패자로 만드는 위험한 도박과 같다.

따라서 학부모는 자녀에게 특정 기업이나 지위를 목표로 삼는 '진학 위주의 사고'에서 벗어나, 변동성이 큰 노동시장에서도 생존할 수 있는 '역량 중심의 사고'를 길러주어야 한다. 전문직이나 대기업이라는 뚫기 어려운 견고한 성벽이 더 이상 모든 이의 안식처가 될 수 없음을 인정하고, 아이가 자신만의 전문성과 회복 탄력성을 갖춘 독립적인 경제 주체로 성장할 수 있도록 돕는 것이 진정한 진로교육의 본질이다. 통계적 판타지에 매몰되지 않고 냉혹한 현실을 직시하는 것, 그것이 우리 아이들을 불안정한 미래로부터 보호하는 첫걸음이 될 것이다.

"평범하게 살고 싶다"는 꿈이
가장 비싼 이유
- 생애주기 적자 곡선의 경고 -

매년 국가데이터처에서는 「국민이전계정National Transfer Accounts」이라는 이름의 방대한 보고서를 발표한다. 이 자료는 대한민국이라는 경제 공동체의 구성원들이 생애주기에 따라 자원을 어떻게 생산하고 소비하는지, 그리고 그 과정에서 세대 간에 자원이 어떤 방식으로 이전되는지를 체계적으로 보여주는 핵심 지표다.

쉽게 말해 대한민국이라는 국가의 살림살이를 한눈에 파악할 수 있는 '생애주기 가계부'인 셈이다. 이 가계부에는 개인이 생애 단계별로 사회에 기여하는 시점과 사회의 부양을 받는 시점이 숫자로 기록되어 있다. 이 복잡하고 전문적인 보고서의 정수를 단 한 장의 그림으로 요약해 주는 것이 바로 '1인당 생애주기 곡선' 그래프다. 이 그래프는 단순한 통계 수치를 넘

어, 오늘날 우리가 마주한 경제적 구조와 다음 세대가 마주할 삶의 형태를
객관적으로 설명하는 중요한 근거가 된다.

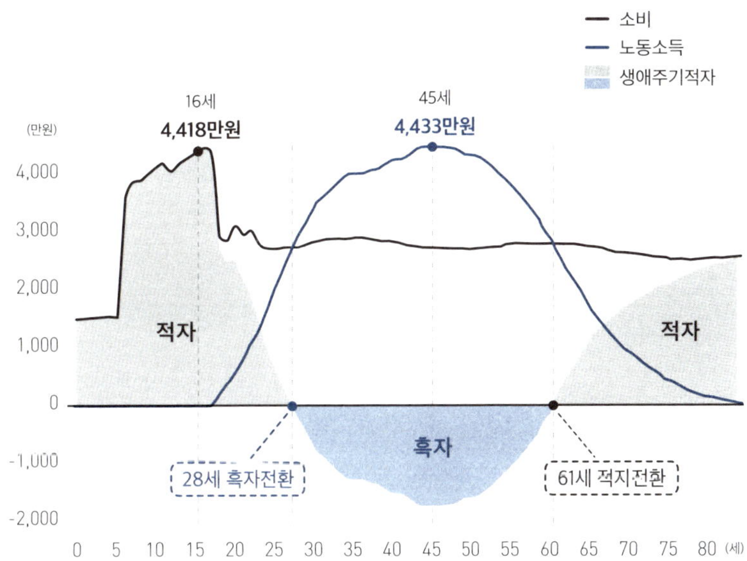

　이 그래프는 대한민국에서 살아가는 보통 사람들의 일생을 '일해서 버
는 돈(노동소득)'과 '살면서 쓰는 돈(소비)'이라는 두 가지 지표로 설명한다. 우
리가 인생이라는 긴 여정 속에서 언제 돈을 쓰고, 언제 직접 돈을 벌며, 또
언제 다시 누군가의 도움을 받으며 살게 되는지를 한눈에 보여주는 지도
와 같다.
　가장 먼저 눈에 띄는 부분은 태어나서부터 한동안 이어지는 '적자' 구간

이다. 이 시기의 아이들은 성장을 위해 꾸준히 돈을 쓰지만, 아직 스스로 돈을 벌지는 못한다. 그래프를 보면 우리나라 사람들은 평균적으로 28세가 되어서야 비로소 쓰는 돈보다 버는 돈이 많아지는 '흑자' 상태가 된다. 이때부터 비로소 자기 몫을 해내며 우리 사회의 든든한 생산 주역으로 자리를 잡기 시작한다.

이후 소득 곡선은 인생의 정점을 향해 올라간다. 45세가 되면 노동소득이 연간 4,433만 원으로 가장 높은 지점에 도달하며 인생에서 가장 왕성하게 일하는 시기를 보낸다. 하지만 이 시기는 영원하지 않다. 소득은 40대 중반을 지나며 서서히 줄어들기 시작하고, 61세가 되면 다시 버는 돈보다 쓰는 돈이 많아지는 '노년기 적자' 시기로 접어든다. 직장에서 은퇴하거나 일손을 놓으면서 소득이 줄어들고, 그동안 모아둔 자산을 쓰며 노후를 보내게 되는 것이다.

결국 사람의 일생이란 처음에는 누군가의 도움으로 시작해(적자), 치열하게 일하며 자기 삶을 책임지는 시기를 거쳐(흑자), 다시 누군가에게 의지하며 삶을 마무리하는(적자), 적자 - 흑자 - 적자 세 단계의 과정을 거친다. 우리 삶의 수입과 지출을 계산한 차가운 통계 수치지만, 그 곡선의 흐름을 가만히 따라가다 보면 인생의 성실함과 고단함이 동시에 느껴지는 한 편의 이야기처럼 들리기도 한다.

나는 강연 현장에서 이 그래프를 화면에 띄우며 이야기를 시작하곤 한다. 객관적인 수치로 그려진 이 곡선을 마주할 때, 현장에 계신 부모님들의 눈빛은 약속이라도 한 듯 진지해진다. 그 눈빛에는 자녀를 향한 애틋함과 말로 다 할 수 없는 걱정이 복잡하게 섞여 있다. 사실 부모의 마음은 누구나 다 똑같다. 우리가 밤잠을 설치며 자녀의 진로를 고민하고, 하나라도 더 유익한 정보를 얻기 위해 애쓰는 근본적인 이유는 단 하나다. 바로 '내 아이만큼은 나보다 조금이라도 더 나은 삶을 살았으면 좋겠다'는 간절한 바람 때문이다.

내 자녀가 나보다 더 나은 삶을 누리고, 나아가 다음 세대가 기성세대보다 더 풍요로운 세상을 살아가려면 어떻게 해야 할까? 그 해답은 앞서 살펴본 그래프 속 '흑자 구간'의 면적을 넓히는 데 있다. 수학적으로 보면 아주 간단한 원리다. 우선 아이가 사회에 첫발을 내딛는 시점을 앞당겨 더 빨리 돈을 벌기 시작해야 한다. 동시에 은퇴 시기를 늦춰 더 오랫동안 경제 활동을 지속할 수 있는 단단한 전문성을 갖춰야 한다. 여기에 한 가지를 더 보태자면, 아이가 가진 기술이 시장에서 높은 가치를 인정받는 '고부가가치 기술'이어야 한다. 기술의 가치가 높으면 시간당 임금이 자연스럽게 올라가고, 이는 그래프상에서 소득 곡선을 위로 더 높게 끌어올리게 된다. 결과적으로 흑자 시기의 기간이 길어지고 소득의 높이가 높아지면서, 그래프가 차지하는 흑자 면적은 비약적으로 증가한다. 이렇게 흑자의 총량이 늘어날 때 비로소 우리 아이들의 삶은 우리가 살았던 인생보다 조금 더 여유롭고 풍족해질 수 있게 된다.

맞다. 내 아이가 잘사는 방법은 수학적으로는 아주 간단하다. 그러나 현실은 이 명쾌한 공식과는 정반대로 흘러가고 있다. 우리 기성세대는 어느 순간부터 아이들에게 교육이라는 이름으로 과도한 준비 기간을 요구하기 시작했다. 과거 4년이면 충분했던 학부 과정은 취업난을 이유로 복수학위를 강조하며 5~6년으로 늘어나고 있고, 1~2년이면 마쳤던 전문대학 과정조차 3~4년으로 학제를 확장하며 아이들을 더 오랫동안 교실 안에 묶어두고 있다.

그뿐만이 아니다. 예전에는 성실함 하나만 있으면 누구나 시작할 수 있었던 일들에도 이제는 복잡한 '자격증 제도'라는 높은 문턱이 생겼다. 심지어 그 자격시험의 난이도는 웬만한 고시 수준으로 어렵게 출제된다. 그 결과 관련 전공을 마친 아이들도 졸업 후 다시 몇 년간 학원가를 전전하며 자격증 취득에 매달려야 하고, 이는 자연스럽게 사회 진입 연령을 늦추는 결과를 초래한다. 기성세대는 자신들의 자리에 본인이 오를 때는 없었던 전문대학원제도, 인증제도 등을 끊임없이 만들어내며 아이들이 한시라도 빨리 사회의 일원이 되는 길을 가로막고 있다.

그 결과, 이제 대졸자를 기준으로 서른 살이 훌쩍 넘어서야 첫 사회생활을 시작하는 것이 하나의 상식이 되어버렸다. 앞쪽의 적자 기간이 고무줄처럼 길어지는 사이, 고령화로 인해 은퇴 후 보내야 할 뒤쪽의 적자 기간도 함께 길어졌다. 결국 인생의 양 끝에서 적자 기간이 아이들의 삶을 압박하면서, 실제로 일하며 돈을 버는 생산기간은 짧아지는 기현상이 나타나고 있다. 30년 가까이 공들여 투자해 겨우 사회에 진출했는데, 실제로 돈을 벌 수 있는 기간은 고작 25년 남짓이다. 그 짧은 기간 벌어들인 소득으로 다시 30년이 넘는 노후의 소비를 책임져야 하는, 수학적으로 답이 안 나오는 상황에 우리 아이들이 놓여 있는 것이다.

상황이 이런데도 기성세대는 청년들에게 가혹한 요구를 멈추지 않는다. 자신들이 일궈놓은 자산 가치를 보전하기 위해 아이들에게 서둘러 결혼해서 아이를 낳고, 빚을 내서라도 집을 사라고 종용한다. 하지만 짧은 경제 활동 기간만으로는 이루기 어려운 일이다.

우리가 누려왔던 평범한 삶, 즉 학교를 졸업하고 취직해서 가정을 꾸리고 내 집을 마련하는 그 상식적인 삶은 이제 부모의 경제적 도움 없이는 꿈조차 꾸기 어려운 일이 되어버렸다. 다음 세대가 처한 수학적 불능 상태에는 아랑곳하지 않은 채, 오로지 자신의 흑자 기간을 늘리고 집값을 부양하는 데만 몰두하는 기성세대의 이기심 속에서 아이들의 평범한 미래는 자취를 감춰가고 있다.

수학적 불능 상태에 빠진 아이들을 구원할 유일한 탈출구는 기성세대가 만든 길고 지루한 교육의 터널을 최단 거리로 통과하는 것이다. 결국 핵심은 하루라도 빨리 사회에 진입하여 스스로 경제활동의 주체가 되도록 유도하는 데 있다.

만약 아이가 책상 앞의 이론보다 손끝의 감각이나 실행에 더 큰 흥미를 느낀다면, 남들 눈치를 보며 억지로 인문계 고등학교에 보낼 이유가 전혀 없다. 오히려 특성화고나 마이스터고에 진학해 전문 기술을 익히는 것이 20대 초반부터 소득 곡선을 그리기 시작하는 영리한 선택이다. 이때 일찍 취업하더라도 사회생활을 하다 보면 좀 더 배워보고 싶은 '철이 드는 순간'이 반드시 찾아올 것이다. 대한민국 교육은 바로 이때를 위해서 '재직자 특별전형' 같은 대입제도를 미리 만들어 놓고 있다. 재직자 특별전형은 특성화고나 마이스터고를 졸업한 학생들이 취업 후 3년이 지난 상태에서 대학을 진학하고자 할 때는 수능과 상관없이 정원 외로 별도로 뽑는 대입전형이다. 이런 제도를 잘 활용하면 나중에 현장의 경험을 학문과 결합해 대학 학위를 취득할 기회는 얼마든지 열려 있다. 20대 후반에 이미 직장생활 10년 차면서 대솔트랙으로 가 있는 경우가 가능하다.

또한, 성적에 맞춰 이름만 4년제인 대학에 진학해 언제 사라질지 모를 간판에 매달리는 것보다 취업에 강한 전문대학이나 폴리텍대학에서 실질적인 기술을 배우는 것이 훨씬 실속 있다. 그곳에서 빠르게 기술을 습득해 취업한 뒤, 더 깊은 공부가 필요하다고 느낄 때 4년제 대학으로 편입하는 길은 시간을 방황으로 낭비하지 않는 효율적인 우회로가 된다.

공부를 지속해 4년제 대학에 진학할 아이라면, 무엇보다 적성에 맞는 전공을 선택해 방황의 시간을 원천 차단해야 한다. 대학 간판만 따면 취업이 어렵지 않아 이름에만 연연했던 부모 세대의 방식은 더 이상 통하지 않는다. 이제는 어느 대학을 나왔느냐보다 무엇을 할 줄 아느냐가 생존을 결정하는 시대다. 적성은 내팽개치고 점수에 맞춰 간 학과에서 겉돌며 휴학을 반복하거나, 뒤늦게 부전공과 복수전공에 매달리는 것은 흑자 기간을 스스로 갉아먹는 비효율의 극치다. 4년이라는 시간을 오로지 자신의 전문성을 단단하게 다지는 데 집중해야 한다. 졸업과 동시에 곧바로 사회에 진출할 수 있도록, 대학 다니는 즐거움을 느낄 수 있는 적성에 딱 맞는 학과를 골라야 한다. 진로진학 교육이 중요한 이유기도 하다.

아이의 흑자 총량을 늘려주는 법은 이처럼 명쾌하다. 남들이 만들어 놓은 허례허식의 문턱 앞에서 서성이지 말고, 자신만의 고부가가치 기술을 들고 가장 이른 시간에 세상 밖으로 나가게 돕는 것. 그것이 불확실한 미래를 앞둔 자녀에게 부모가 줄 수 있는 가장 전략적이고도 실질적인 유산이다.

12%의 성벽과 88%의 들판

- 잔인한 노동시장의 이중구조 -

2025년 9월 한국경영자총협회(경총)가 발간한 「우리나라 노동시장 이중구조 실태와 시사점」 보고서는 국가데이터처의 자료 분석을 통해 지난 20년간 한국 노동시장의 격차가 완화되지 않고 오히려 공고하게 고착화되었다는 진단을 내놓았다. 이 보고서의 분석에 따르면, 2024년 기준 우리나라 임금근로자의 구조는 임금과 복지 수준이 양호한 11.9%의 대기업 정규직과 그 외 88.1%에 해당하는 중소기업 및 비정규직 부문으로 명확히 양분되어 있다. 경총은 이러한 '12 대 88'의 구조적 불균형 속에서 소수의 대기업 정규직 집단이 노동시장의 경제적 혜택을 사실상 독점하고 있다는 점을 한국 사회의 핵심적인 병폐로 지적한다.

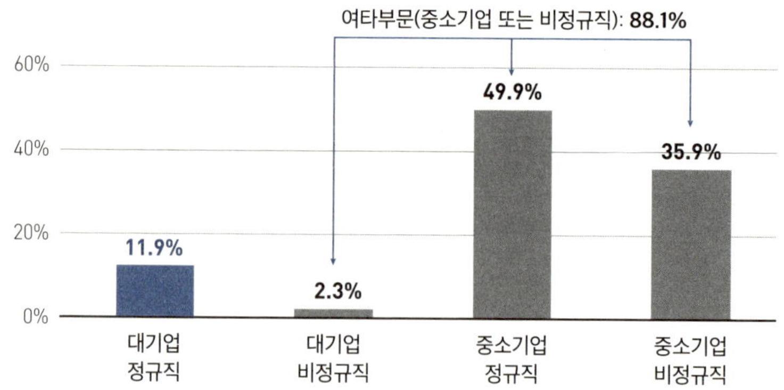

두 집단 사이의 경제적 격차는 구체적인 수치에서 더욱 명확히 드러난다. 2024년 기준 대기업 정규직의 월 임금 평균은 497만 원에 달하지만, 중소기업 및 비정규직을 포함한 여타 부문 근로자의 월 임금은 288만 원으로 대기업의 57.9% 수준에 불과하다. 임금뿐만 아니라 고용 안정성을 나타내는 지표인 평균 근속연수 역시 대기업은 12.14년에 이르지만, 여타 부문은 5.68년에 머물러 있다. 이는 대기업 근로 조긴의 절반에도 미치지 못하는 열악한 고용 환경을 의미하며, 절대다수의 근로자가 대기업보다 두 배 이상 빠른 주기로 실직과 이직의 불안에 노출되어 있음을 시사한다.

더욱 심각한 것은 양질의 일자리로 불리는 대기업 정규직으로의 진입장벽이 과거보다 훨씬 높아졌다는 사실이다. 대기업의 신규채용률(근속 1년 미만자 비중)은 6.5%에 불과한 반면, 중소기업 및 비정규직은 30.8%에 달한다. 이는 대기업 일자리가 한번 들어가면 좀처럼 나오지 않는 '닫힌 시장'이 되었음을 보여준다. 그럼에도 불구하고 대기업 정규직의 전체 고용 비중이 2004년 9.8%에서 2024년 11.9%로 증가한 것은 일자리가 늘어난 결과라기보다, 인위적이고 강제적인 정년 연장 등에 따른 인력 적체 현상이 작용한 것으로 보고 있다. 실제로 대기업 정규직 내 55~59세 고령층 고용은 지난 20년간 492.6%나 급증한 반면, 23~27세 청년층 고용은 1.8% 감소하며 세대 간 일자리 경합이 극심해지는 양상을 보였다.

▨ 2024년 대기업과 여타부문 주요 지표 비교

구분	대기업	중소기업 및 비정규직
월 평균임금	497만 원	288만 원
평균 근속연수	12.14년	5.68년
신규 채용률	6.50%	30.80%

이러한 노동시징의 이중 구조는 국제적인 수준에서도 유례를 찾기 힘들만큼 가파른 격차를 보이고 있다. 2025년 12월 발간된 경총의 또 다른 보고서 「한·일·대만 임금 현황 국제비교와 시사점」에 따르면, 구매력평가[PPP] 환율 기준으로 계산했을 때 한국 대기업의 임금은 이미 일본 대기업을 추월했다. 그러나 중소기업과의 격차를 비교해 보면 한국은 일본보다 훨씬 심각하다. 일본은 지방의 중소기업 근로자도 대기업과 비교해 임금과 복지에서 큰 차이가 없기 때문에, 굳이 물가가 비싼 도쿄로 이동하지 않고도 자기가 태어난 곳에서 중산층의 삶을 영위할 수 있는 기반이 마련되어 있다. 이는 지역 균형 발전을 가능케 하는 든든한 경제적 토대가 된다.

▨ **2024년 한·일 기업 규모별 상용근로자 임금 비교 (PPP달러)**

구분	한국	일본	한국/일본
대기업	96,258	60,574	158.9%
중소기업	55,138	45,218	121.9%
격차	74.60%	34.00%	37.0%p

반면 대한민국은 대기업과 중소기업의 격차가 극심하기 때문에, 양질의 일자리가 집중된 수도권으로 진입하지 못하는 것을 곧 사회적·경제적 '낙오'로 인식하게 된다. 대기업 취업 여부에 따라 생애소득과 복지 수준이 결정되는 상황에서, 청년들은 생존을 위해 대기업이 밀집한 서울과 수도권으로 몰려들 수밖에 없다. 고향을 떠나 좁은 수도권으로 몰려드는 이들의 선택은 개인의 기호가 아닌, 이중구조화된 노동시장에서 살아남기 위한 합리적이지만 절박한 전략이다.

결국 오늘날 대학입시에서 나타나는 비정상적인 '인서울' 대학 쏠림 현상 역시 이와 같은 맥락에서 해석되어야 한다. 서울 소재 대학 교육의 질이 지방대보다 압도적으로 높아서라기보다, 수도권에 대부분 위치한 대기업 정규직이라는 11.9%의 견고한 일자리 시장에 진입하기 위한 가장 유리한 교두보를 확보하려는 것이다. 노동시장의 보상 체계가 12%와 88%로 극단적으로 갈라져 있는 한, 수도권 집중과 과도한 입시 경쟁이라는 국가적 난제는 교육 정책만으로는 결코 해결할 수 없는 노동시장의 구조적 산물임을 알 수 있다.

이 문제를 근본적으로 해결하기 위해서는 산업 생태계 전반의 질적 변화가 동반되어야 한다. 먼저 대기업은 글로벌 시장에서 초격차 경쟁력을 확보해 전체 경제의 파이를 키워야 한다. 대기업이 세계 무대에서 더 큰 가치를 창출하고 신산업을 선도할 때, 우리 경제가 수용할 수 있는 양질의 일자리 규모 자체가 확대될 수 있기 때문이다. 동시에 우리 산업계에 뿌리 깊게 박힌 구태의연한 갑을관계와 불공정한 원청-하청 구조는 반드시 역사 속으로 사라져야 한다. 하청 기업의 기술과 이익을 가로채는 방식이 아니라, 공정한 거래와 상생이 이루어지는 생태계가 조성될 때 중소기업도 정당한 몫을 보상받을 수 있다.

중소기업들이 독자적인 기술력을 갖춘 강소기업으로 성장하고 불합리한 격차가 사라진다면, 좋은 일자리가 전국에 분산되면서 소수의 자리를 선점하기 위한 극한의 경쟁도 자연스럽게 완화될 것이다. 그렇게 될 때 비로소 학생들이 '인서울'이나 '대기업'이라는 간판에 매몰되지 않고, 자신의 적성과 재능에 맞는 학과와 기업을 소신 있게 선택하는 건강한 사회가 실현될 수 있다.

화려한 '인서울'의 민낯,
우리 아이는 '빈곤 체험' 중

우리 사회의 구조적 문제를 이야기할 때 빠지지 않고 등장하는 키워드가 바로 수도권 집중, 그중에서도 서울 집중 현상이다. 정치·경제·교육의 핵심 기능이 서울에 과도하게 몰리면서, 사람과 자원이 지속적으로 서울로 흡수되고 있다. 그 결과 지방은 인구 감소와 공동화 현상을 겪고, 서울을 중심으로 한 경쟁은 갈수록 치열해지고 있다.

이러한 현상은 대학 진학 과정에서도 그대로 나타난다. 과거에는 각 지역의 거점 국립대학들이 지역 우수 인재를 상당 부분 흡수하며 교육과 지역 발전의 축 역할을 했다. 그러나 지금은 상황이 크게 달라졌다. 지방 학생들 사이에서도 '무조건 인서울'이 진로 선택의 중요한 기준으로 작동하고 있으며, 이는 이미 뚜렷한 사회적 현상으로 자리 잡았다.

　매년 강의 차 방문하고 있는 부산의 한 고등학교에서 진로 담당 선생님이 들려준 말은 이를 단적으로 보여준다. "부산대와 가천대를 동시에 합격하면 요즘은 가천대를 선택하겠다는 학생들이 많습니다." 가천대는 최근 수시모집 원서 접수 인원 1위를 여러 해 연속 기록할 만큼 선호도가 높은 대학이지만, 부산 지역 학생이 지역 거점 국립대를 두고 수도권 대학을 선택한다는 점은 예전 세대에게는 쉽게 이해하기 어려운 변화다. 특히 가천대는 행정구역상 서울 소재 대학도 아니다. 이는 서울 그 자체뿐 아니라 서울 인접 수도권까지도 서울 쏠림 현상의 반사이익을 누리고 있음을 보여준다.

　이처럼 서울과 수도권 대학들은 학령인구 감소라는 구조적 위기 속에서도 학생 모집에 상대적으로 큰 어려움을 겪지 않는다. 전국 각지에서 지원자가 몰리기 때문이다. 그렇다면 이들 대학은 지방에서 올라오는 다수의 학생들이 안정적으로 대학 생활을 할 수 있도록 주거 여건 개선에 적극적일까? 현실은 그렇지 않아 보인다.

　교육부가 매년 발표하는 대학정보공시 분석 자료를 통해 4년제 대학의 기숙사 수용률을 살펴보면, 2025년 기준, 전국 193개 4년제 대학의 평균 기숙사 수용률은 22.2%에 불과하다. 특히 수도권 대학의 기숙사 수용률은 17.8%로, 비수도권 대학 평균인 25.9%보다 오히려 낮다. 집값이 싼 지방이 기숙사가 더 잘되어있고, 집값이 비싼 수도권은 오히려 지방보다 못한 아이러니다. 서울 소재 대학에 주로 서울 출신 학생이 진학하기 때문일까? 그렇지 않다. 실제 입학자 구성을 보면, 서울 소재 주요 대학들의 신입생 다수는 서울 외 지역 출신이다.

　다음은 2025년 대학알리미에 공개된 서울 소재 주요 대학의 기숙사 수용률과 그 대학 신입생 중 특별시 이외 지역에서 입학한 지방 학생들의 비율을 조사한 표이다. 대학알리미 정보공개에는 서울특별시와 세종특별시를 묶어서 발표하지만, 세종의 인구가 서울에 비해 아주 작으므로 특별시 출신을 모두 서울 출신으로 가정하였다.

순위	대학명	기숙사 수용률	지방학생 입학비율	순위	대학명	기숙사 수용률	지방학생 입학비율
1	서울교대	58.8	64.8	16	동덕여대	12.7	59.0
2	연세대	35.0	70.0	17	중앙대	12.7	72.7
3	서울과기대	22.7	75.8	18	광운대	12.3	62.7
4	서울대	22.7	63.4	19	숙명여대	12.0	65.4
5	삼육대	21.1	59.4	20	서울여대	11.6	67.3
6	이화여대	21.1	69.2	21	숭실대	11.6	70.9
7	성균관대	20.0	71.8	22	고려대	11.5	69.1
8	외대	18.2	75.9	23	세종대	11.4	68.3
9	건국대	17.1	74.0	24	서강대	11.3	74.0
10	경희대	17.1	77.0	25	시립대	11.1	77.9
11	한양대	15.6	71.2	26	한성대	10.5	52.6
12	덕성여대	15.3	63.0	27	성신여대	10.2	65.4
13	명지대	13.8	81.1	28	홍익대	9.8	67.5
14	동국대	13.7	73.6	29	상명대	8.9	56.4
15	국민대	13.3	69.0				

표에서 보는 바와 같이, 2025년 기준 서울 소재 주요 대학들의 신입생 출신 지역 비율을 보면, 서울 외 지방 학생 비중은 대부분 70% 내외에 달한다. 즉, 신입생 10명 중 7명은 서울이 아닌 지역에서 올라온 학생들이다. 반면 대학들의 기숙사 수용률은 대부분 20%를 밑돈다. 연세대학교는 1학

년 전원 기숙사 입소 정책을 시행하고 있어 예외적으로 수용률이 높지만, 서울대학교조차 22.7% 수준에 그친다. 고려대학교는 국내 최고 명문대 중 하나임에도 불구하고 기숙사 수용률이 11.5%에 불과하다.

결국 상당수의 지방 출신 학생들은 기숙사 입주 기회를 얻지 못한 채, 대학 인근에서 개별적으로 주거 공간을 마련해야 한다. 문제는 서울 대학가의 주거비 수준이 이미 학생 개인이나 가정이 감당하기 어려운 수준에 도달해 있다는 점이다. 부동산 플랫폼 '다방' 조사에 따르면, 2025년 기준 주요 서울 대학 인근 원룸의 평균 월세는 보증금 1천만 원 기준으로 월 60만 원을 훌쩍 넘는다. 관리비와 공과금까지 포함하면 한 달 주거비만 70만 원에 가까워지는 경우도 드물지 않다. 이화여대와 연세대가 위치한 신촌 일대는 이보다 더 높은 수준을 보인다.

2025년 2학기 주요 대학 주변 원룸 평균 월세, 다방 및 언론 재인용 (단위: 만 원)

대학	월세	관리비	합
경희대	63.4	8.0	71.4
고려대	59.9	8.3	68.2
서강대	61.7	6.4	68.1
서울대	42.3	7.8	50.1
성균관대	57.6	5.5	63.1
연세대	61.4	7.0	68.4
이화여대	70.9	10.1	81.0
중앙대	47.7	7.6	55.3
한국외대	58.2	7.7	65.9
한양대	57.5	7.0	64.5
평균	58.1	7.5	65.6

학생들은 등록금 외에도 순수 주거 비용으로만 연간 700~800만 원을 더 투입해야 하는 것이 서울 대학 생활의 현실이다. 서울에 모든 인프라를 집중시켜 지방 학생들을 흡수하고는 정작 기성세대의 집값 부양과 기숙사 부족으로 인해 치솟는 주변 월세 문제는 외면하고 있는 셈이다.

주거 환경은 단순한 생활비 부담을 넘어 대학 생활 전반에 직접적인 영향을 미친다. 많은 학생이 주거비를 감당하기 위해 학기 중에도 장시간 아르바이트를 병행하게 되며, 그 결과 전공 수업과 학습 활동에 온전히 집중하기 어려운 상황에 놓이게 된다. 이는 결국 대학이 제공해야 할 교육 경험의 질이 개인의 경제력에 따라 크게 달라지는 불평등을 초래한다.

이러한 상황은 흔히 '개인의 선택'이나 '감수해야 할 비용'으로 치부되곤 하지만, 지방 학생이 서울로 이동할 수밖에 없는 구조와 그 이동을 전제로 작동하는 대학 시스템을 고려하면 문제의 성격은 분명히 다르다. 사회적 자원과 기회는 서울에 집중시키면서, 그로 인해 발생하는 주거 부담과 생활비 상승은 오롯이 학생 개인에게 전가되고 있기 때문이다. 서울 소재 대학의 높은 선호도 이면에는 이처럼 구조적으로 방치된 학생 주거 문제가 자리하고 있으며, 이는 교육 기회의 형평성과 청년 세대의 출발선을 왜곡하는 심각한 문제다.

미래를 이끌어갈 청년들이 마주한 현실은 앞으로 더욱 가혹해질 것으로 보인다. 교육부는 2027년부터 등록금 동결 대학에 대한 재정 지원 방식을 재검토하기로 했으므로, 향후 등록금은 어떤 식으로든 인상될 가능성이 크다. 등록금 인상과 고액 월세라는 이중고는 미래의 큰 꿈을 안고 상경한 학생들에게 도시의 '빈곤 체험'을 강제하고 있다.

그동안 대학 진학 논의는 주로 합격선과 경쟁률, 취업 성과에만 집중되어 왔으나, 학생들이 실제로 어떤 환경에서 생활하며 공부하는지에 대한 문제는 상대적으로 소홀히 다루어졌다. '인서울'이라는 선택이 무엇을 의미하는지에 대한 논의는 이제 합격이라는 결과를 넘어, 대학에 도착한 이후 마주하게 될 실제 삶의 조건까지 반드시 포함해야 한다. 인서울 대학을 둘러싼 담론이 성적 중심을 넘어 대학 생활의 실제 모습까지 함께 담아내는 방향으로 확장될 때, 비로소 청년들의 미래를 위한 실질적인 변화가 시작될 것이다.

마지막으로 이 고비용 시대를 살아가는 학생과 학부모에게 몇 가지 당부의 말을 전하고자 한다.

첫째, '인서울'의 비용을 냉정하게 계산해야 한다. 단순히 대학의 간판이나 서울이라는 화려함만 좇기에는 그 이면에 숨겨진 주거비와 생활비의 압박이 너무나 크다. 등록금 외에 연간 800만 원 이상의 추가 비용이 4년 동안 누적되었을 때, 그것이 가정 경제와 학생의 학업 몰입도에 어떤 영향을 줄지 사전에 충분히 검토해야 한다.

둘째, 대학 생활의 '질'에 주목해야 한다. 명문대에 합격하더라도 주거 불안정으로 인해 하루의 대부분을 아르바이트와 긴 통학 시간에 허비한다면, 그 대학이 제공하는 교육 자원을 온전히 누리기 어렵다. 단순히 어느 대학에 붙었느냐보다, 그곳에서 '어떤 환경으로 공부할 수 있느냐'를 입시 전략의 중요한 축으로 삼아야 한다.

셋째, 맹목적인 서울 선호를 경계하고 대안을 넓게 보아야 한다. 서울 집중 현상이 심각해질수록 오히려 지역거점국립대학이나 특정 학과에서는 더 파격적인 장학 혜택과 주거 지원을 제공하기도 한다. 남들이 가는 길을 무작정 따르기보다, 학생 본인이 학습에만 전념할 수 있는 실질적인 환경이 어디인지를 최우선으로 고려하는 지혜가 필요하다.

의대 올인하다 떨어지면 난감한 이유
- 생명과학 쏠림의 위험성 -

대한민국을 광풍처럼 휩쓸고 있는 의대 열풍은 단순한 교육적 과열을 넘어 진로진학 측면에서 매우 곤란한 문제를 야기한다. 그 핵심은 바로 상위권 학생들의 '생명과학 분야 쏠림 현상'이다. 중학교 시절 어느 정도 학업 능력이 검증된 학생들은 고등학교에 입학하며 본인의 의지든 부모의 바람이든 의약학계열 진학을 최우선 목표로 삼는다. 만약 의대 진학이 여의치 않을 경우를 대비해 치대, 한의대, 약대 등을 차선책으로 두며 학습에 매진한다. 이러한 목표 설정은 자연스럽게 상위권 대학의 주된 입학 전형인 학생부종합전형 준비로 이어진다. 학생들은 학교생활기록부를 풍성하게 채우기 위해 생명과학 과목을 필수적으로 선택할 뿐만 아니라, 동아리나 탐구 활동 또한 의약학적 메커니즘이나 생명공학 주제에 편중하여 구성한다.

대부분의 학생은 1, 2학년 시절 '학년이 올라갈수록 성적을 더 끌어올릴 수 있다'는 막연한 기대를 품고 공부에 전념한다. 그러나 치열한 내신 경쟁 속에서 그것이 결코 뜻대로 되지 않는다는 냉혹한 현실을 고등학교 3학년이 되어서야 비로소 깨닫게 된다. 이때 현실적인 성적에 맞춰 의약학계열 진학이 어렵다는 판단이 서면 급하게 진로 방향을 틀어야 한다. 하지만 여기서 심각한 진로의 병목 현상이 발생한다. 지난 2년간의 학생부가 이미 생명과학 관련 활동으로 도배되어 있는 탓에, 다른 공학이나 기초과학 분야로 선회하기가 입시 전략상 매우 불리해지는 것이다. 결국 학생들은 울며 겨자 먹기로 자신의 학생부 색깔에 맞춘 생명과학 관련 학과를 선택할 수밖에 없으며, 이로 인해 해당 학과들의 경쟁률은 비정상적으로 치솟게 된다.

이러한 현상에 대해 일부 사람들은 "의약학계열에 직접 가지 못했더라도 미래 성장 산업인 바이오나 제약 분야로 진출하면 되지 않느냐"고 반문하곤 한다. 얼핏 들으면 타당한 논리처럼 보이지만, 이는 대한민국 특유의 산업 구조와 일자리 생태계를 제대로 이해하지 못한 낙관론에 불과하다. 우리가 처한 현실을 객관적으로 파악하기 위해서는 국내 주요 기업들의 매출 규모와 고용 창출 능력을 살펴볼 필요가 있다. 다음의 표는 2024년 기준 우리나라 매출 순위 상위 10개 회사와 각 회사의 종업원 수를 2025년 기준으로 표시한 자료다.

순위	회사명	매출액 (2024년)	종업원 수 (2025년)
1	삼성전자	300조 8,709억 원	129,144명
2	현대자동차	175조 2,312억 원	72,757명
3	기아	107조 4,488억 원	35,605명
4	한국전력공사	93조 3,989억 원	21,584명
5	LG전자	87조 7,282억 원	35,374명
6	한국산업은행	71조 3,000억 원	3,374명
7	SK하이닉스	66조 1,930억 원	33,625명
8	하나은행	62조 8,816억 원	11,476명
9	현대모비스	57조 2,370억 원	12,389명
10	한화	55조 6,468억 원	3,264명

대한민국 매출 1위 기업인 삼성전자는 약 13만 명의 임직원이 합심하여 300조 원 이상의 매출을 달성하고 있다. 2024년 대한민국 정부의 전체 예산이 약 657조 원 규모라는 점을 고려하면, 단일 기업인 삼성전자의 매출액이 국가 전체 살림 규모의 절반에 육박할 만큼 압도적임을 알 수 있다. 이러한 거대 기업의 존재 여부는 진로와 진학을 결정짓는 일자리 시장에서 매우 중요한 기준점이 된다.

중요한 점은 300조 원의 매출이 단순히 삼성전자라는 하나의 기업 내부에서만 머물지 않는다는 사실이다. 삼성전자를 핵심축으로 하여 그 주변에는 설비, 부품, 소재 등을 공급하고 기술을 협력하는 수많은 중소 및 중견 기업들이 촘촘한 네트워크를 형성하고 있다. 업계 용어로 이들을 1차 벤더, 2차 벤더 등으로 부르는데, 이처럼 유기적으로 연결된 기업 군단이 모여 방대한 '산업 생태계'를 구축한다. 이 생태계 전체가 창출하는 고용 효

과와 부가가치를 고려한다면 그 규모는 실로 거대하다. 전기공학이나 전
자공학을 전공한 학생들에게 압도적으로 풍부한 취업 기회가 보장되는 이
유도 바로 이러한 견고한 산업 기반이 일자리 지지대 역할을 하고 있기 때
문이다.

매출 2위와 3위를 나란히 차지하고 있는 현대자동차와 기아의 존재감
또한 무시할 수 없다. 두 회사의 매출 합계액은 약 280조 원에 달하며, 고
용 인원 역시 합산하면 10만 명을 훌쩍 넘어선다. 삼성전자가 IT와 반도체
를 중심으로 거대 생태계를 구축했다면, 자동차 업계는 기계공학을 뿌리
에 두고 미래 모빌리티를 향한 또 다른 방대한 산업 지도를 형성한다.

자동차 산업은 부품 수가 수만 개에 달하는 대표적인 조립 산업으로, 완
성차 업체를 중심으로 수천 개의 부품 협력사가 유기적으로 연결되어 있
다. 소위 '협력사'라 불리는 수많은 중견·중소기업이 전국 각지의 산업단지
에 포진해 있으며, 이들이 만들어내는 일자리 규모는 단일 기업의 수치를
압도한다. 전통적인 기계공학 전공자들이 오랜 시간 동안 취업 시장의 강
자로 자리 잡을 수 있었던 이유가 바로 여기에 있다. 차체 설계, 엔진, 변속
기뿐만 아니라 이제는 자율주행과 전기차 시대를 맞아 전자와 기계가 결
합한 메카트로닉스 분야까지 일자리의 폭이 더욱 넓어지고 있다. 이처럼
탄탄한 제조 기반의 산업 생태계는 관련 전공자들에게 지속 가능하고 안
정적인 진로를 보장하는 든든한 버팀목이 된다.

이번에는 시각을 돌려 국내 바이오 및 제약 산업의 현실을 살펴볼 필요
가 있다. 다음은 우리나라 매출 상위 10대 바이오/제약 기업의 매출액과
종업원 수를 정리한 표이다.

순위	회사명	매출액 (2024년)	종업원 수 (2025년)
1	삼성바이오로직스	4조 5,473억 원	5,273명
2	셀트리온	3조 5,573억 원	2,842명
3	유한양행	2조 678억 원	2,090명
4	GC녹십자	1조 6,799억 원	2,355명
5	종근당	1조 5,864억 원	2,374명
6	한미약품	1조 4,955억 원	2,374명
7	대웅제약	1조 4,227억 원	1,777명
8	보령	1조 172억 원	1,651명
9	HK이노엔	8,971억 원	1,690명
10	JW중외제약	7,193억 원	1,084명

자료를 보면 알 수 있듯이, 대중에게 인지도가 높은 유명 제약회사들조차 앞서 살펴본 전자나 자동차 중심의 제조 기업들과 비교하면 매출 규모가 현저하게 작다. 이러한 산업 규모의 차이는 곧바로 일자리 부족 문제로 직결된다. 실제로 약학대학에 진학하는 많은 학생이 졸업 후 동네 약국의 약사가 되기보다는, 약사 면허를 바탕으로 제약회사 연구원이 되어 신약 개발에 참여하겠다는 포부를 밝힌다. 그러나 냉혹하게도 이들 중 상당수는 결국 개국 약사의 길을 선택하게 되는데, 이는 연구 인력을 대규모로 흡수할 만큼 산업의 그릇 자체가 크지 않기 때문이다.

결국 대한민국은 바이오 및 제약 산업이 타 핵심 산업에 비해 상대적으로 성숙하지 못한 상태이며, 그에 따라 관련 일자리 생태계의 크기도 매우 협소한 실정이다. 생명과학 전공자들이 학문적 깊이를 쌓더라도 실제 현장에서 그 역량을 펼칠 수 있는 기업의 선택지가 좁다는 의미다. 그럼에도 불구하고 수많은 학생이 의대 열풍에 휩쓸려 생명과학 위주의 진로 설계에만 몰두하고 있으니, 이는 공급과 수요가 어긋나는 심각한 '일자리 미스매칭'을 초래한다.

따라서 의약학계열을 목표로 삼는 학생들은 처음부터 생명과학이라는 외길에만 매몰되지 않도록 주의해야 한다. 입시 준비 과정에서 생명과학을 기본으로 하되, 화학이나 물리, 혹은 컴퓨터공학 등을 결합한 융합적인 관점을 기르는 것이 바람직하다. 이러한 다각적인 학문적 기초를 닦아놓아야만, 만에 하나 목표했던 의약학계열 진학이 무산되더라도 거대한 제조 기반 산업이나 IT 생태계 등 다양한 분야로 유연하게 진로를 수정할 수 있기 때문이다. 만약 고교 시절 이러한 융합적 탐색이 충분히 이루어지지 않았다면, 성급하게 전공을 결정하기보다 자율전공학부에 진학하여 대학 입학 후 깊이 있는 진로 탐색의 시간을 갖는 것도 현명한 대안이 된다.

물론 현재 국내 생명과학 일자리 시장의 크기가 다른 제조 산업에 비해 작은 것은 부정할 수 없는 현실이다. 하지만 생명과학 분야는 국가 차원에서 미래 핵심 성장 동력으로 삼고 전폭적으로 도전하고 있는 영역이며, 앞으로 창출될 부가가치가 무궁무진한 희망적인 산업이기도 하다. 비록 지금은 그릇이 작아 보일지라도, 신약 개발이나 AI 의료 등 미래 산업의 패러다임을 바꿀 혁신은 바로 이 분야에서 시작될 것이기 때문이다. 그렇기에 생명과학 분야에서 반드시 자신의 꿈을 펼치고자 하는 학생들은 현재의 작은 시장에 안주하기보다, 미래의 거대한 잠재력을 내다보고 글로벌 무대에서 승부하겠다는 도전 정신을 가져야 한다.

이처럼 성공적인 진로와 진학 지도는 단순히 대학 합격에만 매몰되는 것이 아니라, 사회의 거시적인 산업 구조와 미래의 변화 가치를 면밀히 분석하고 이를 교육 현장에 투영할 때 비로소 완성된다.

재수도 '계급'이 된 사회
- 3천만 원을 감당할 수 있는가 -

2025년 12월 23일, 국회입법조사처는 우리 사회 전반의 불균형을 심층 진단한 「한국사회 불평등의 현주소-2025 대한민국 불평등 종합보고서」를 발표했다. 이 보고서는 소득과 자산은 물론 건강과 주거에 이르기까지 우리 삶의 거의 모든 영역을 포괄적으로 다루고 있지만, 그중에서도 교육 부문의 불평등에 관한 분석은 대단히 유의미한 시사점을 던져준다. 대한민국 교육은 주요 선진국들과 비교했을 때 지표상으로는 상대적으로 양호한 수준을 유지하는 듯 보이나, 실제 데이터를 세밀하게 분석해 보면 부모의 사회경제적 배경이 자녀의 학업 성취에 미치는 영향력이 점차 공고해지고 있음을 알 수 있다.

이러한 교육적 대물림 현상을 가장 객관적으로 보여주는 지표가 바로 국제학업성취도평가(PISA)에서 활용하는 경제·사회·문화적 지위 지표인 'ESCS Economic, Social and Cultural Status'다. ESCS는 단순히 가구의 소득 수준만을 의미하지 않는다. 부모의 교육 수준과 직업은 물론, 도서와 학습자원 등 문화적 자원까지를 모두 포함하는 종합적인 개념이다. 보고서에 담긴 통계에 따르면, 우리나라 학생들의 수학 성취도에서 이러한 가정 배경이 차지하는 설명량은 2003년 11.0%에서 2022년 12.6%로 완만하지만 분명한 상승 곡선을 그려왔다. 이는 교육의 결과가 학생 개인의 지능이나 성실성보다는 그가 태어난 가정의 환경에 의해 결정되는 비중이 예전보다 커졌음을 시사한다.

▨ PISA 수학성취도 결과와 ESCS의 관계

구분	ESCS의 수학 성취도 설명량(%)					ESCS 1단위 증가에 따른 수학 성취도 점수 변화(기울기)				
	2003	2006	2012	2018	2022	2003	2006	2012	2018	2022
대한민국	11	8.1	10.1	11	12.6	32	32	42	43	45
미국	23.8	17.9	14.8	16.1	14.9	50	49	35	36	38
일본	-	7.4	9.8	9	11.9	-	39	41	36	45
핀란드	8.7	8.3	9.4	11.6	12.4	26	31	33	35	38
싱가포르	-	-	14.4	14.1	17	-	-	44	38	51
OECD 평균	17.9	20.2	14.6	13.8	15.5	42	45	39	36	39

위 표에서 더욱 주목해야 할 수치는 성취도의 '기울기' 변화다. ESCS 지수가 1단위 높아질 때 수학 성취도 점수가 얼마나 상승하는지를 나타내는 이 기울기는 2003년 32점에서 2022년 45점으로 가파르게 상승했다. 기울

기가 급해졌다는 것은 부모의 배경이 좋은 학생일수록 학업 성취도를 끌어올리기가 과거보다 훨씬 수월해졌음을 뜻하며, 반대로 환경이 어려운 학생들에게는 상위권으로 진입하는 문턱이 그만큼 더 가파르고 높아졌음을 의미한다. 결과적으로 가정의 배경은 이제 교육이라는 사다리 위에서 남들보다 앞서 나갈 수 있는 결정적인 도구가 된 셈이다.

이러한 구조적 불평등은 고등학교 졸업 이후의 '재도전' 영역인 재수와 반수 문화에서 더욱 극명하게 표출된다. 보고서가 분석한 2011년과 2021년의 대학 진학자 배경 데이터 비교는 매우 흥미롭고도 씁쓸한 사실을 알려준다. 지난 10년 사이 최상위권 대학에 진학한 학생들의 가구당 평균 소득과 부모의 교육 수준은 확연히 높아졌다. 그런데 재수나 반수를 선택하는 학생들의 가정 배경 역시 이들 최상위권 진학자들의 배경과 점차 닮아가고 있다. 과거에는 가정 형편과 관계없이 자신의 목표를 위해 재수를 결심하는 경우가 많았다면, 이제는 재수 자체가 상당한 경제적 지원과 정보력이 뒷받침되어야만 누릴 수 있는 선택지가 된 것이다.

결국 1년 이상의 추가 학습 비용과 고액의 학원비, 그리고 실패 시의 기회비용을 온전히 감당할 수 있는 탄탄한 경제적 안전망이 있는 가정만이 재도전이라는 기회를 적극적으로 활용할 수 있게 되었다. 재수와 반수가 누구에게나 열린 공정한 기회의 장이 아니라, 특정 계층이 현재의 지위를 유지하거나 더 높은 단계로 도약하기 위해 활용하는 전략적 수단으로 굳어지고 있는 것이다.

보고서의 종단연구 자료는 2021년 대학 진학자들까지를 다루고 있으나, 최근 교육 현장의 실상은 이보다 훨씬 심화되었으리라 짐작된다. 과거 강북과 노량진에 포진해 있던 재수종합학원들이 하나둘 강남으로 자리를 옮겨 '강남 시대'를 연 지는 이미 오래다. 여기에 결정적인 분기점은 2017년이었다. 당시 시대인재학원이 재수종합반을 개설하며 선풍적인 인기를 끌었고, 이는 본격적인 '고비용 재수 시대'의 개막을 알리는 신호탄이 되었다.

현재 강남 재수학원의 비용은 상식 수준을 훌쩍 뛰어 넘었다. 월 수강료 170~200만 원은 기본이고 독서실비 30~50만 원, 급식비 30~45만 원이 추가된다. 여기에 시대인재학원이 주도하고 이제는 업계 표준이 되어버린 소위 '콘텐츠 비용'이 학부모의 어깨를 짓누른다. 학생들이 다 풀지도 못할 만큼 엄청난 양의 문제집과 모의고사를 배부하고 그 비용으로 월 50~100만 원 이상을 청구하는 방식은 학부모들 사이에서도 악명이 높다. 월평균 300만 원 내외, 10개월 과정이면 최소 3천만 원에서 3천5백만 원에 달하는 비용이다. 기숙학원은 5천만 원을 훌쩍 넘기기도 한다. 부모들은 자식 문제라는 이유로 참고 지불하지만, 이는 결국 감당할 수 있는 여건이 되는 집안만이 재수라는 문턱을 넘을 수 있음을 의미한다. 형편이 어려운 학생들에게 요즘의 재수는 시작조차 할 수 없는 '언감생심'의 영역이 되어버렸다.

이 불평등 보고서에서 인용한 「대학 진학 선택의 불평등 실태와 변화: 재수, 반수 선택의 계층화를 중심으로」라는 논문은 다음과 같은 결론을 내리고 있다.

"치열한 입시경쟁에서 원하는 결과를 얻지 못했을 때, 다시 한번 도전하여 더 나은 기회를 모색하는 행위 자체는 개인의 합리적인 의사결정으로, 비난하거나 문제시할 수는 없다. 하지만 이러한 선택은 1년 내외의 시간과 상당한 비용 투자를 감내해야 하므로 모든 학생에게 동등하게 기회가 열려 있지 않다. 이는 재수·반수라는 기회 자체가 가정의 사회경제적 자본에 따라 차별적으로 주어지며, 결과적으로 교육불평등을 심화시키는 중요한 기제로 작동할 수 있음을 시사한다."

나아가 우리는 교육 불평등을 부추기는 입시제도 자체의 정비 필요성에도 주목해야 한다. 이미 모든 행정 절차가 전산화되었음에도 불구하고 대학 지원 횟수를 엄격히 제한하고 있는 현재의 방식이 불필요한 재수와 반수를 양산하는 원인이 아닌지 진지하게 고민해 보아야 한다. 특히 고도로 정량화되어있는 수능 위주의 정시 전형에서 여전히 옛날 방식으로 가군, 나군, 다군으로 나누어 군내 1회씩, 총 3회 지원으로 한정하며 학생을 선발하는 방식은 철저히 대학 중심의 행정적 사고일 뿐이다. 이러한 제도적 제약은 학생들의 선택권을 제약하며, 결과적으로 재도전을 강요하는 또 하나의 보이지 않는 장벽이 되고 있다.

결국 교육이 부의 불평등을 완화하는 기제가 아니라, 오히려 제도적 결함과 가정의 재력을 바탕으로 불평등을 고착화하는 통로로 작동하고 있지는 않은지 우리 사회가 매우 무겁고 진지하게 성찰해 보아야 할 시점이다.

사교육비 29조 원 시대,
범인은 '학원' 아니라
'공교육의 비효율'이다

우리나라 교육 담론에서 사교육은 모든 교육 문제의 근원이자 언제든 때려도 무방한 일종의 '동네북' 역할을 수행하고 있다. 사교육이 창궐하기 때문에 가정 경제가 피폐해지고, 학생 간의 과당 경쟁이 부추겨지며, 공교육의 근간이 흔들린다는 비난이 화살처럼 쏟아진다. 우리나라에서 가장 활발히 활동하고 있는 교육 시민 단체의 이름이 아예 '사교육걱정없는세상'인 것만 해도 알 수 있다. 사교육걱정없는세상은 설립 초창기에 나도 진로 분야의 전문가로서 강의도 하고 토론자로 초청이 되기도 했던 단체인데 "입시 경쟁으로 단 한 명의 아이도 잃지 않는 세상, 불필요한 사교육비를 단 1만 원도 쓸 필요없는 세상"을 만들겠다는 목표로 삼고 있다.

공교육계와 언론은 '사교육자'라는 명칭 속에 은연중에 부정적인 낙인을 찍으며 일종의 직업적 혐오를 생산하고 있다. 모든 국민은 직업의 종류에 구애받지 않고 사회적 존엄을 유지할 권리가 있음에도, 특정 종사자들을 교육의 적대자로 규정하는 이러한 행태는 헌법이 보장하는 직업 선택의 자유와 행복추구권을 본질적으로 침해하는 것은 아닌지 의문이 들 때가 많다.

교육부는 매년 사교육실태 조사 결과를 발표한다. 2025년 3월에도 2024년 사교육 실태조사를 발표했다. 교육부의 자료를 받은 언론들은 "10년 새 사교육비 총액 60% 늘어", "학생 줄어도 사교육비 29조 원, 10년 새 60% 폭등에 등 휘는 부모"와 같은 기사들을 쏟아냈다. 다음 그림은 교육부가 발표한 연도별 사교육비 총액 현황을 보여주는데, 실제로 수치를 들여다보면 언론의 우려가 과장이 아님을 알 수 있다.

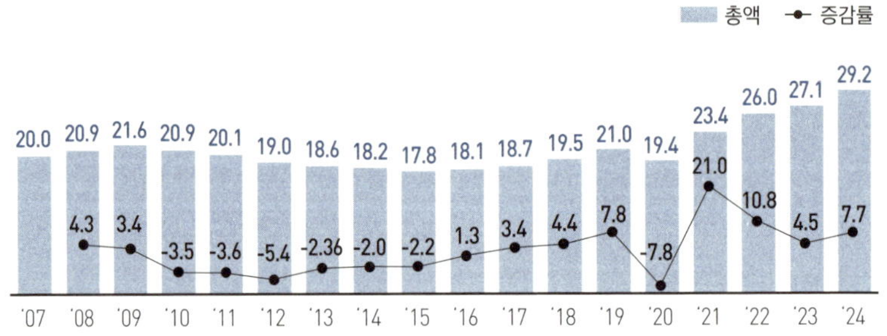

학령인구 감소로 전체 학생 수는 전년 대비 1.5% 감소했음에도 불구하고, 사교육비 총액은 약 29조 2천억 원을 기록하며 역대 최고치를 갈아치

왔다. 특히 초등학생의 사교육비 증가율이 11.1%에 달해 저연령화 추세가 뚜렷하며, 소득격차에 따른 양극화의 심화는 이제 '망국적'이라는 표현이 과하지 않을 정도다.

이에 교육 당국은 사교육을 국가 교육을 망치는 근원으로 지목하고 매년 천문학적인 예산을 들여 억제 대책을 내놓는다. 그러나 그 결과는 어떤가. 정부가 사교육의 강력한 대체재로 내세운 늘봄학교, 방과후 학교 예산을 전년 대비 7.4% 늘려 8,000억 원에 육박하는 세금을 쏟아 부었지만, 정작 참여율은 모든 학교급에서 일제히 하락해 36.8%라는 초라한 성적표를 남겼다.

더욱 뼈아픈 사실은 사교육을 찾는 목적에 있다. 사교육 시장에 뛰어든 학생들의 절반 이상은 선행학습이나 입시 준비가 아닌, 당장 '학교 수업을 보충하기 위해' 학원으로 향한다. 이는 국가가 거액의 세금을 투입하고도 정규 교육과정 안에서 학생들을 제대로 가르치지 못하고 있음을 방증한다.

결국 우리는 질문을 던져야 한다. 사교육비 29조 원 시대를 만든 것이 과연 사교육자들의 끝없는 탐욕 때문인가? 아니면 매년 예산을 늘려가면서도 학생들에게 학교 수업의 결핍을 느끼게 만드는 공교육의 고질적인 비효율 때문인가? 사교육이라는 편리한 과녁을 때리는 사이, 공교육은 스스로의 무능을 예산 증액이라는 방패 뒤에 숨기고 있는 것은 아닌지 냉정하게 성찰해야 한다.

여기 우리가 그동안 쉽게 접하지 못했던, 아니 어쩌면 교육 당국이 보여주고 싶지 않았을지도 모를 기이한 그래프 하나가 있다. 우리 교육의 실상을 확인하기 위해 지난 20년간의 '사교육비 현황'과 '교육부 예산'을 하나의 그래프에 올려 비교해 보았다.

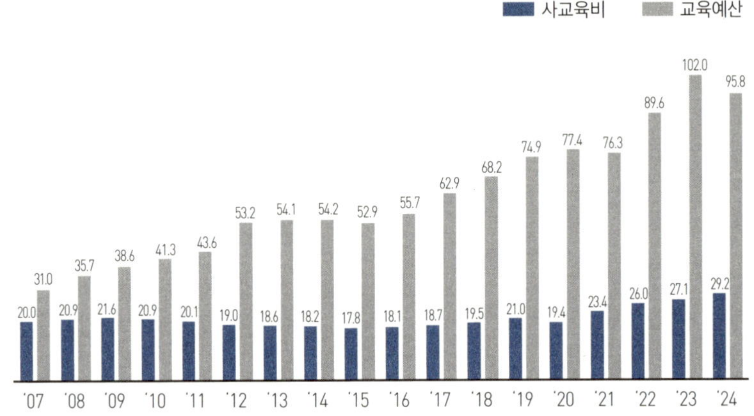

흔히 언론에서는 사교육비가 폭등해 나라가 망할 것처럼 말한다. 실제로 사교육비는 2007년 20조 원에서 2024년 29.2조 원으로 약 46% 증가했다. 분명 가계에 큰 부담이 되는 액수다. 하지만 같은 기간, 국가가 공교육을 위해 쏟아부은 교육부 예산을 보라. 2007년 31조 원이었던 예산은 2024년 95.8조 원으로 무려 209%나 폭증했다. 사교육비가 1.5배 늘어나는 동안, 공교육 예산은 3배가 넘게 불어난 것이다. 심지어 확정된 2026년 교육부 예산은 106.4조 원에 달한다. 2007년과 비교하면 20년 만에 예산 규모가 243%나 커진 셈이다.

물론 교육 예산에는 국가 장학금이나 고등교육지원, 과학기술 투자처럼 나라의 미래를 위한 다양한 항목이 포함되어 있다. 국가 규모가 커짐에 따라 예산이 느는 것도 자연스러운 일일지 모른다. 하지만 관점을 조금 바꿔 '현실성 없는 상상'을 한 번 해보자. 만약 국가가 2026년 확정 예산인 106.4조 원 중, 현재 우리나라 전체 사교육비 총액인 약 29조 원을 학부모들에게 전액 지원해준다고 가정하면 어떨까? 그렇게 사교육비를 모두 '무상'으로 처리해주고 남은 돈으로 교육부를 운영하더라도, 불과 몇 년 전인 2020년의 교육부 예산보다 더 많은 금액이 남는다. 사교육비가 정말 큰 문제라면 이렇게라도 해결해야 하지 않을까? 돈의 규모만으로는 절대 무리가 아닌 정도가 되어버렸으니 말이다.

결국 국민의 입장에서 보면 이는 명백한 '교육비의 이중 부담'이다. 우리는 이미 국가 교육을 믿고 엄청난 양의 세금을 내고 있다. 그런데 그 세금이 243%나 늘어나는 동안 학교만으로는 충분치 않아, 내 주머니에서 별도의 사교육비를 또 지출해야 한다. 조세의 목적인 공공 서비스가 제 기능을 못 해 시장에서 다시 교육을 구매해야 하는 이 구조는 결코 정상이 아니다.

정부와 언론은 늘 사교육을 '교육의 질서를 망치는 주범'이라며 질타한다. 하지만 우리는 이제 반대의 질문을 던져야 한다. 공교육의 덩치가 이토록 커졌음에도 불구하고, 왜 학생들은 여전히 학교 밖을 전전해야 하는가?

막대한 예산을 쓰고도 학생과 학부모를 만족시키지 못했다면, 그것은 시스템의 효율성에 심각한 문제가 있다는 방증이다. 사교육 시장을 비난하기 전에, 100조 원의 예산을 쓰는 공교육이 왜 사교육보다 효율적이지 못한지에 대한 자기반성적 보고를 우리는 단 한 번이라도 본 적이 있는가? 이제는 비대해진 공교육의 내실을 매섭게 따져 물어야 할 때다.

국가 교육 예산이 100조 원을 돌파하고 사교육비보다 5배 빠른 속도로 증액되었음에도 불구하고, 왜 교육 현장의 만족도는 제자리걸음인가. 돈이 부족해서가 아니다. 예산이 투입되는 통로와 방식, 즉 공교육 시스템의 고질적인 비효율이 사교육이라는 거대한 풍선효과를 만들어내고 있기 때문이다. 그 구체적인 비효율의 실체를 들여다볼 필요가 있다.

첫째, '평균'이라는 이름 아래 자행되는 수요의 방치다. 공교육은 모든 학생에게 동일한 내용을 가르치는 표준화된 시스템에 갇혀 있다. 하지만 배움의 속도는 아이들마다 다르다. 학교 수업이 '평균'에 맞춰지는 사이, 더 깊은 공부를 원하는 상위권은 지적 허기를 느끼고, 진도를 따라가지 못하는 하위권은 교실에서 소외된다. 학부모들이 '학교 수업 보충'을 위해 학원을 찾는 비율이 50%를 넘는다는 사실은, 공교육이 개별 학생의 학습 수요를 충족시키는 데 완전히 실패했음을 보여준다. 공교육이 '대량 생산'에 머물러 있는 동안, 사교육은 정교한 레벨 테스트와 맞춤형 피드백으로 '주문 제작' 교육을 제공하며 그 틈새를 장악했다.

둘째, 교육의 본질을 압도하는 행정 중심의 비대함이다. 예산이 늘어나면 학교 현장에는 새로운 사업과 복잡한 행정 절차가 뒤따른다. 교사들은 수업 연구와 학생 상담이라는 본연의 가치보다 공문 처리와 보고서 작성에 더 많은 에너지를 소모한다. 교육의 질을 높이려 투입된 예산이 오히려 교사를 행정가로 만들며 교육 서비스의 질을 떨어뜨리는 역설이 발생한다. 학부모들이 "학교 선생님보다 학원 선생님이 우리 아이를 더 잘 안다"고 느끼는 것은 교사의 역량 문제가 아니라, 교사가 아이를 바라볼 시간을 뺏어버린 시스템의 비효율 문제다.

셋째, 책임과 평가가 실종된 경직된 구조다. 사교육은 냉혹하다. 성적이 오르지 않거나 아이의 마음을 잡지 못하면 소비자는 즉각 발길을 끊는다. 생존을 건 절박함이 끊임없는 혁신을 만들어낸다. 반면 공교육은 예산 투입 대비 성과가 처참해도 누구도 책임지지 않는다. 방과후학교 참여율이 급락해도 예산은 오히려 증액되는 기이한 현상이 반복되는 이유다. 실패한 정책에 대한 냉정한 평가와 스스로 오류를 수정하는 자정 작용이 부족하다 보니, 공교육의 비효율은 개선되지 못한 채 시스템의 일부로 굳어지고 있다.

넷째, 시대의 속도를 따라잡지 못하는 커리큘럼의 낙후성이다. 사회와 입시 환경은 빛의 속도로 변하는데, 공교육의 교육과정은 여전히 무겁고 느리다. 특히 진로와 진학 정보의 비대칭성은 심각한 수준이다. 변화하는 입시 전형을 분석하고 아이의 적성에 맞는 구체적인 로드맵을 제시하는 역량에서 공교육은 이미 주도권을 잃었다. 형식을 갖추기에 급급한 일회성 행사들이 100조 원 예산의 일부를 축내는 동안, 학부모들은 실질적인 답을 얻기 위해 다시 외부 컨설팅 업체를 찾아 지갑을 연다.

결국 공교육이 제 역할을 다하지 못해 생긴 빈틈은 사교육 시장이 성장하는 비옥한 토양이 되고 있다. 사교육 종사자들을 교육 생태계를 해치는 주범으로 몰아세우는 방식은, 어쩌면 공교육 시스템이 안고 있는 비효율의 실체를 직시하지 않으려는 회피일지도 모른다. 이제는 외부의 현상을 탓하기에 앞서, 100조 원이라는 막대한 예산을 투입하고도 학생들을 다시 학원으로 발걸음하게 만드는 공교육의 구조적 한계를 무겁게 받아들여야 한다. 교육 당국은 사교육에 대한 질타보다 공교육의 내실을 기하는 데 정책적 역량을 집중함으로써, 국민이 낸 세금의 가치를 현장에서 증명해 보여야 한다.

실리콘밸리 문과생 우대설의 진실
- 살아있는 조선시대 정신? -

AI 기술이 눈부시게 발전하면서 취업 시장이 요동치고 있다는 사실은 이제 누구나 체감하는 현실이다. 불과 몇 년 전까지만 해도 취업 시장의 절대 강자이자 '보증수표'로 통했던 컴퓨터 코딩 기술자들이 이제는 설 자리를 잃고 있으며, 심지어 명문대 컴퓨터 전공자들조차 취업 문턱에서 고배를 마신다는 기사가 하루가 멀다 하고 쏟아진다. 기술의 진보 속도가 대중의 예측을 훨씬 앞지르다 보니, 시장에는 검증되지 않은 '카더라'식 소문이 난무하기 마련이다.

그중에서도 최근 눈길을 끈 보도는 "이제 실리콘밸리에선 문과생을 우대한다"는 파격적인 내용이었다. 국내 미디어들이 대대적으로 보도한 이 기사들은 뉴욕연방준비은행의 통계를 그 근거로 삼는다. 통계에 따르면 2025년 5월 기준, 22~27세 미국 대졸자의 평균 실업률은 4.8%인데, 인문

사회계열 전공자의 실업률이 이공계보다 낮게 나타났다는 것이다. 구체적으로 미술사 전공의 실업률은 3.0%, 외국어 전공은 4.0%인 반면, 컴퓨터공학은 7.5%, 물리학 7.8%, 화학 6% 등으로 이공계 실업률이 눈에 띄게 높았다. 이를 두고 미디어는 AI가 코딩 같은 기술적 업무를 대신해주니, 이제는 인간 고유의 비판적 사고와 기획력이 강조되는 문학, 철학, 예술 전공자가 더 대접받는 시대가 왔다고 열을 올린다.

하지만 이러한 해석은 과거 우리가 겪었던 '인문학 열풍'의 기시감을 불러일으킨다. 세계적으로 STEM(과학·기술·공학·수학) 교육이 강조되던 시기에도 우리 사회는 유독 인문학적 소양을 강조하며 시대의 흐름과 엇박자를 냈던 전력이 있다. 이는 조선시대부터 이어져 온 '문사철' 중심의 학문 풍토가 사회 저변에 깊게 뿌리내린 탓일지도 모른다. 물론 인문학이 중요하지 않다는 뜻은 아니다. 다만 시대의 요구에 맞는 우선순위가 있는 법인데, 왜곡된 통계 해석이 교육과 취업 시장의 학생들에게 잘못된 신호를 보내고 있는 것은 아닌지 우려된다.

기사에서 언급한 뉴욕연방준비은행의 수치 자체는 사실이다. 그러나 그 데이터를 해석하는 방식에는 심각한 오류가 존재한다. 미국의 실업률을 제대로 이해하기 위해서는 단편적인 실업률 수치보다 훨씬 더 중요한 '불완전고용률Underemployment Rate'을 반드시 병행해서 살펴봐야 한다. 불완전고용률은 겉으로 보기에는 '취업자'로 분류되지만, 실제로는 자신의 능력이나 기대에 비해 충분하지 않은 일자리에 머물러 있는 사람들의 비율을 의미한다. 일을 하고 있기는 하지만 전공이나 학력과 무관한 직무를 맡고 있거나, 정규직이나 전일제를 원함에도 불구하고 시간제·단기 일자리만 선택할 수밖에 없는 경우가 여기에 포함된다. 실업률이 일자리가 전혀 없는 상태를 보여주는 지표라면, 불완전고용률은 일자리의 '질'과 활용도를 함께 들여다보는 지표라고 할 수 있다. 따라서 이 수치가 높다는 것은 고용 자체는 유지되고 있을지라도, 개인의 역량이 노동시장에서 충분히 활용되지 못하고 있다는 현실을 의미한다. 다음 표는 뉴욕연방준비은행 2025년 통계로 앞에서 언급한 학과의 자료를 보여주고 있다.

▨ 뉴욕연방준비은행 미국 대학 전공별 실업률 현황

전공 (Major)	실업률 Unemploy- ment Rate	불완전고용 Underemploy- ment Rate	초임 Median Wage Early Career	중간경력 Median Wage Mid-Career	대학원학위 Share With Graduate Degree
미술사 Art History	3.0%	46.9%	$45,000	$71,000	47.9%
철학 Philosophy	3.2%	41.2%	$48,000	$72,000	58.2%
외국어 Foreign Language	4.0%	51.1%	$40,000	$70,000	50.5%
컴퓨터과학 Computer Science	6.1%	16.5%	$80,000	$115,000	32.8%
컴퓨터공학 Computer Engineering	7.5%	17.0%	$80,000	$122,000	40.0%
물리학 Physics	7.8%	35.0%	$70,000	$100,000	67.9%
화학 Chemistry	6.0%	40.6%	$55,000	$90,000	65.5%

단순 실업률만 보면 미술사나 철학 전공자가 컴퓨터공학도보다 상황이 나아 보일 수 있지만, 이는 데이터가 주는 전형적인 착시다. 미디어에서는 전혀 언급하지 않은 미술사, 철학, 외국어 전공자들의 불완전고용률은 무려 40~50%에 육박한다. 즉, 취업자 2명 중 1명은 전공과는 무관한 저숙련 직무에 종사하고 있다는 뜻이다. 전공을 살릴 일자리가 턱없이 부족하다

보니, 실업 상태로 남기보다 일단 어디든 취업하고 보는 '하향 지원'의 조급함이 낮은 실업률이라는 가면을 쓰고 있는 셈이다. 이들은 대학원 진학률도 높지만, 이것이 반드시 고액 연봉이나 확실한 투자 수익으로 이어지지도 않는다.

반대로 컴퓨터공학의 수치를 보자. 초임과 중간경력 연봉이 압도적으로 높으면서도 불완전고용률은 매우 낮다. 이는 졸업생 대부분이 자신의 전공 역량을 유지하며 전문직으로 진출하고 있다는 뜻이다. 여기서 나타나는 상대적으로 높은 실업률은 일자리가 없어서 생기는 생계형 실업이 아니다. 자신의 수준 높은 전문성을 발휘할 수 있는 최적의 일자리를 탐색하는 과정에서 발생하는 '자발적·마찰적 실업'의 성격이 강하다. 한마디로 '못 가는 것'이 아니라 더 좋은 조건을 '고르는 중'인 것이다.

물리학이나 화학 같은 기초과학 분야는 대학원 진학률이 65%가 넘는데, 이는 학부 졸업장만으로는 시장에서 전문성을 인정받기 어렵다는 방증이다. 석·박사 과정을 거쳐 고연봉군에 진입할 수는 있으나, 컴퓨터공학도가 학사 졸업 직후 고연봉 시장에 바로 진입하는 것과 비교하면 시간과 자금이라는 막대한 기회비용을 지불해야 하는 구조다. 이러한 양상은 현재 우리나라의 취업 시장 상황과도 정확하게 일치한다.

결국 미디어가 이야기하는 컴퓨터 전공자의 취업난은 '묻지마 채용'의 종말을 의미할 뿐이다. 코로나19 팬데믹 시절, 비대면 열풍을 타고 전공과 상관없이 단기 코딩 부트캠프만 거치면 누구나 채용하던 거품의 시대가 끝난 것이다. 이제 기업은 수준 미달의 인력을 걸러내고, 즉시 현장에 투입 가능한 탄탄한 기초를 갖춘 전공자만을 선별한다. 취업문이 좁아진 것이 아니라 진입의 기준점이 높아진 것이며, 실력 있는 전공자에게는 여전히 타 전공이 넘볼 수 없는 기회가 열려 있다.

AI가 코딩을 대신해주니 개발자가 필요 없다는 말도 현장을 모르는 소리다. 실제 현장에서는 AI가 짠 코드의 보안 취약점을 잡아내고 시스템 전체를 설계할 수 있는 '고급 화이트칼라'에 대한 수요가 오히려 폭증하고 있다. AI라는 강력한 도구를 부려 생산성을 5배, 10배 이상 끌어올릴 수 있는 진짜 전문가의 가치는 앞으로 더욱 가파르게 오를 것이다.

결론적으로 미디어는 단순 노무직 성격의 개발 인력이 줄어드는 현상을 마치 컴퓨터공학 전체의 위기인 양 과장하고 있다. 노동시장은 이제 '무늬만 개발자'인 이들을 걸러내고, 진짜 문제를 해결할 줄 아는 핵심 인재에게 보상을 집중하는 정상화 과정을 거치고 있을 뿐이다. 한국 사회 특유의 인문학적 당위성이 투영된 '문과생 우대설'에 현혹될 필요가 없다. 나는 강의할 때 농담처럼 이야기하곤 한다. 세상에서 쓸데없는 걱정이 연예인 걱정, 재벌 걱정, 전문직 걱정 그리고 컴퓨터공학 전공자 걱정이라고 말이다.

세상은 8:2(이과:문과)로 변했는데,
학교는 아직도 5:5다

경기가 좋으면 취업 문이 넓어지고, 불황이 닥치면 채용 시장이 얼어붙는 것은 경제학의 지극히 당연한 섭리다. 하지만 최근 우리 사회는 이러한 일반적인 경제 논리를 넘어선 새로운 국면에 접어들었다. 이제는 단순히 전체적인 경기 흐름보다 '대학에서 어떤 전공을 선택했는가'가 한 개인의 취업 성패를 결정짓는 결정적인 잣대가 된 것이다. 과거에는 전공과 상관없이 대졸 학위 자체가 성실함과 역량의 증표가 되던 시절이 있었으나, 산업 구조가 급격하게 재편되면서 특정 학문 분야는 사회적 수요가 넘치는 반면, 어떤 분야는 공들여 공부해도 갈 곳이 없는 전공 간 불균형 현상이 심화되고 있다. 이러한 변화는 시대의 흐름을 읽지 못한 교육 시스템의 한계를 드러내며 학생들에게 큰 과제를 던져주고 있다.

교육부는 이러한 고용 시장의 변화를 면밀히 파악하기 위해 매년 대학교 졸업생들의 취업 현황을 전수조사하여 분석 보고서를 발간하고 있다. 우리나라의 취업 통계 조사는 인접 국가와 비교했을 때 그 규모와 정밀함에서 압도적인 차이를 보인다. 이웃 나라 일본의 경우 후생노동성을 주무 부처로 하여 조사를 진행하지만 약 6,000여 명 수준의 샘플 조사에 그치는 것이 현실이다. 반면 대한민국은 60만 명이 넘는 졸업생 전체를 대상으로 하는 전수조사 방식을 고수하고 있으며, 2025년 12월 30일에도 '2024년도 고등교육기관 졸업자 취업통계'를 통해 그 정밀한 결과가 공식 발표되었다.

▨ 2024년도 고등교육기관 졸업자 취업통계 조사방법

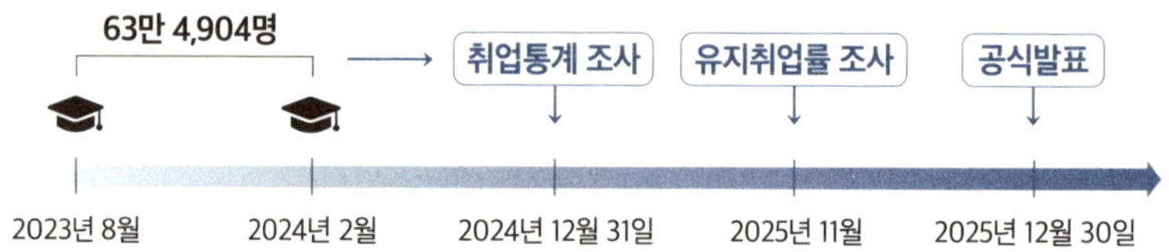

정부의 취업 통계 조사는 단순히 특정 시점의 취업 여부만을 묻는 일회성 조사에 그치지 않고 매우 체계적이고 과학적인 프로세스를 거쳐 진행된다. 2023년 8월과 2024년 2월에 대학 문을 나선 졸업생 63만 4,904명 전원을 대상으로 하며, 우선 2024년 12월 31일을 기점으로 실제 취업에 성공했는지를 1차적으로 파악한다. 여기서 한 걸음 더 나아가 취업한 이들이 2025년 11월까지 최소 11개월 이상 해당 직장을 유지하며 안정적으로 안착했는지를 확인하는 '유지취업률' 조사를 병행한다. 이러한 다각도의 검

중 과정을 거친 후 비로소 연말에 최종 분석 보고서를 세상에 공개하게 되는데, 이는 허수 취업을 걸러내고 학생들이 실제로 양질의 일자리에 진입했는지를 확인하기 위함이다.

전체적인 경기 흐름만큼이나 취업 시장에서 중요하게 작용하는 변수는 바로 '어떤 학문을 전공했는가'이다. 교육부의 전수조사 결과를 7대 대학 전공 계열별로 나누어 분석해 보면, 전공에 따른 취업의 기회가 얼마나 불균형하게 분포되어 있는지가 명확히 드러난다. 이는 단순히 개인의 노력 부족으로 치부할 수 없는 구조적인 격차가 우리 사회에 깊게 자리 잡고 있음을 시사한다.

▨ **대학 전공계열별 취업률 현황 (%, %p)**

구분	평균	인문	사회	교육	공학	자연	의약	예체능
일반대학(A)	62.8	57.2	61.5	53.7	63.8	59.9	75.9	64.4
대학원(B)	82.1	65.8	86.3	84.1	86.5	76.7	86.9	74.5
B-A	19.3	8.6	24.8	30.4	22.7	16.8	11	10.1

교육부 발표에 따르면 우리나라 대학 졸업생들이 학위를 취득한 후 1년 이내에 취업에 성공하는 비율은 평균 62.8% 수준이다. 그러나 이를 계열별로 세분화하면 양상은 판이하게 달라진다. 전문성이 강조되는 의약 계열의 경우 75.9%라는 독보적인 취업률을 기록하며 고용 시장의 강자로 자리매김하고 있는 반면, 인문계열(57.2%)과 교육 계열(53.7%)은 전체 평균에도 못 미치는 하위권에 머물러 있다. 특히 교육 계열은 학령인구의 감소로 교사채용이 줄어들면서 전체 계열 중 가장 낮은 수치를 기록하며 학부 졸업만으로는 사회 진출의 문턱을 넘기가 매우 어려워진 현실을 보여준다.

이러한 고용 절벽을 극복하고 양질의 일자리를 찾기 위해 많은 학생이 선택하는 차선책은 대학원 진학을 통한 전문성 강화다. 통계적으로 대학원을 졸업했을 때의 평균 취업률은 82.1%로, 일반 대학 졸업자에 비해 약 19.3%p의 뚜렷한 향상 효과를 나타낸다. 흥미로운 점은 학부 시절 가장 낮은 취업률을 보였던 교육 계열의 경우, 대학원 진학 시 취업률이 무려 30.4%p나 급상승하며 가장 드라마틱한 개선 효과를 보여준다는 사실이다. 이는 해당 분야가 고도의 전문 지식이나 추가적인 자격 요건을 요구하는 시장 특성을 가지고 있음을 방증한다.

반면 인문계열은 대학원 진학이라는 추가적인 시간과 비용의 투자조차 무색하게 만드는 결과를 마주하고 있다. 인문계열의 대학원 진학 후 취업률 향상 폭은 8.6%p에 불과하여 전체 전공 계열 중 가장 낮은 수치를 기록했다. 이는 이공계열 등 타 학과들이 석·박사 학위 취득을 통해 취업 시장에서의 몸값을 확실히 높이는 것과 대조적이다. 결국 인문계열 학생들은 학부 졸업 시점의 낮은 취업률이라는 일차적 고통에 더해, 상급 학교 진학을 통한 돌파구 마련마저 쉽지 않은 이중고를 겪고 있는 셈이다.

이처럼 인문계열 졸업생들이 겪는 유독 가혹한 취업난은 결코 해당 전공을 선택한 학생들의 역량 문제로만 볼 수 없다. 근본적인 원인은 급변하는 세상의 속도를 따라가지 못하는 기성세대의 고착화된 교육 시스템에 있다. 산업 현장은 첨단 기술 중심으로 하루가 다르게 변화하며 새로운 인재상을 요구하고 있지만, 우리 사회의 교육 체계와 대학 구조는 과거의 패러다임에 머물러 있다. 기성세대가 구축한 느린 변화의 속도 속에서 적절한 교육적 지원과 시스템의 혁신을 받지 못한 청년들이 시대적 변화의 피해를 고스란히 떠안고 있는 형국이다.

기업이 요구하는 인재의 기준은 이미 오래전부터 극적인 변화를 맞이했다. 언론을 통해 보도된 주요 대기업의 신입사원 채용 현황을 살펴보면, 현대 산업 사회의 일자리가 과학기술 중심과 비과학기술 중심으로 약 8:2의 비율을 형성하고 있음을 알 수 있다. 이는 과거와는 비교할 수 없을 정도로 기술 중심의 인력 수요가 압도적임을 시사한다. 그러나 우리 기성세대가 구축해 놓은 교육 시스템은 여전히 문과와 이과의 비율을 5:5 수준에서 크게 벗어나지 못한 채 과거의 틀을 유지하고 있다. 이러한 구조적 결함은 결국 인력의 공급과 수요가 맞지 않는 심각한 미스매치 현상을 초래한다.

▨ **주요대기업 신입사원 문/이과 전공비율, 2021.09.06. 조선일보**

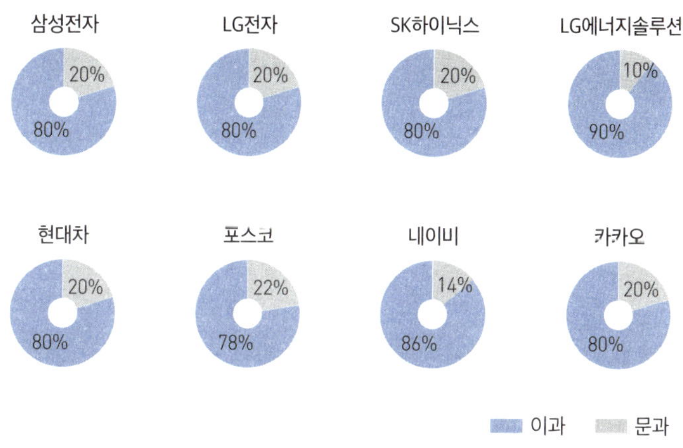

　교육 현장의 지체 현상은 특정 집단에 더 가혹한 결과로 나타나기도 한다. 첨단 기술이 지배하는 시대임에도 불구하고 여학생의 취업률과 초임 수준이 남학생보다 낮게 형성되는 근본적인 이유는, 여학생들이 여전히 취업 시장의 수요가 적은 문과 계열에 과도하게 몰려 있기 때문이다. 기성세대는 이러한 현실을 직시하기보다 애써 외면하고 있으며, 인공지능[AI] 시대를 선도할 인재 양성을 표방하는 대학들조차 변화의 흐름을 지극히 느린 속도로 따라가고 있다. 실제로 수도권의 많은 대학이 이공계 입학 정원 비율을 여전히 50%대 전후에 묶어두고 있는 실정이다.

대학이 사회적 수요에 맞는 학과 구조조정에 소극적인 태도를 보이는 것은 학생들의 진로 고민보다 기성세대들의 기득권을 우선시하기 때문이라는 비판을 피하기 어렵다. 학생들이 졸업 후 실제 일자리를 잡을 수 있을지에 대한 치열한 고민보다는, 해당 학과 출신 교수나 관계자들의 일자리를 보전하기 위해 시대 뒤떨어진 학과 체제를 유지하고 있다는 의구심마저 든다. 대외적으로는 끊임없는 변화를 외치고 있으나, 교육 현장의 변화 속도는 사회가 변해가는 속도를 전혀 따라잡지 못하고 있다. 결국 기성세대가 만들어낸 완만한 변화와 안일한 대처로 인한 피해는 사회에 첫발을 내딛는 학생들과 청년들이 고스란히 짊어지고 있다.

결국 변화하는 시대 속에서 자녀의 앞날을 고민하는 학부모들은 우리 사회의 일자리 구조가 이미 '과학기술 대 비과학기술'의 비율 8:2 정도로 재편되었음을 냉정하게 인식하고 자녀를 지도해야 한다. 특히 학부모 본인이 과거 인문사회계열의 진로를 걸어왔다면, 자신이 경험하지 못한 이공계 분야의 직업 세계와 변화상을 더욱 능동적이고 열정적으로 탐색하려는 노력이 필요하다. 내가 아는 과거의 기준이 자녀의 미래를 결정짓는 걸림돌이 되지 않도록 정보의 비대칭성을 해소해야 하기 때문이다.

그러나 이러한 전략적 접근보다 앞서는 진로교육의 첫 번째 원칙은 '본인이 하고 싶은 것을 하는 것'이다. 아무리 이공계에 일자리가 풍부하다 한들, 자녀의 적성이 인문사회 분야에 있다면 그 길을 선택하는 것이 옳다. 우리 사회가 온전하게 기능하기 위해서는 20%에 해당하는 인문사회 분야의 양질의 일자리가 여전히 존재하며, 그곳에서 역량을 발휘할 인재 또한 반드시 필요하기 때문이다. 적성을 무시한 채 시장 논리만을 따르는 것은 결국 자녀의 행복과 성취감을 저해하는 결과를 낳는다.

다만 자녀의 뚜렷한 적성을 아직 발견하지 못했거나 진로가 불투명한 상황이라면, 전략적으로 이공계 진로를 우선순위에 두고 탐색하는 것이 현실적인 대안이 될 수 있다. 이공계 교육과정을 밟다가 사후에 인문사회 분야로 방향을 전환하는 것은 상대적으로 수월하지만, 그 반대의 경우는 학습의 체계성과 전문성 차이로 인해 극심한 진입 장벽에 부딪히기 때문이다. 즉, 자녀에게 더 넓은 선택의 기회와 가능성을 열어둔다는 관점에서 이공계 기반의 진로 설계는 불확실한 미래를 대비하는 유연한 보험이 될 수 있다.

"신입은 안 뽑습니다"
기업이 경력직만 찾는 진짜 이유

한국경제인협회가 매출액 기준 500대 기업을 대상으로 2025년 하반기 신규채용 계획을 조사해 발표한 결과에 따르면, 우리 사회의 고용 문턱은 그 어느 때보다 높다. 2025년은 우리나라 역사상 유례없는 최고의 수출 실적을 달성하며 경제적 성과를 거둔 해였음에도 불구하고, 정작 채용 시장은 얼어붙어 있다. 조사 대상 기업 중 채용 계획이 전혀 없거나 아직 확정하지 못한 기업이 62.8%에 달했는데, 이는 2024년 하반기의 57.5%와 비교해 봐도 5%p 이상 급격히 상승한 수치다. 청년들은 일자리가 없어 고통받는 이른바 '취업난'을 겪고 있지만, 기업들은 정작 현장에 바로 투입할 만한 적합한 인재를 찾지 못하는 '일자리 미스매치' 현상이 갈수록 심화하고 있다. 실제로 대기업들이 신규채용을 꺼리는 가장 큰 이유는 기업의 요구

수준에 부합하는 인재를 찾기 어렵다는 점(29.4%)이었다. 여기에 신산업 및 신기술 분야의 전문 인력 부족(2.9%) 문제까지 더해지면, 기업이 원하는 인재를 확보하는 데 겪는 어려움이 전체 애로사항의 32.3%를 차지하며 채용을 가로막는 결정적인 요인이 되고 있음을 알 수 있다.

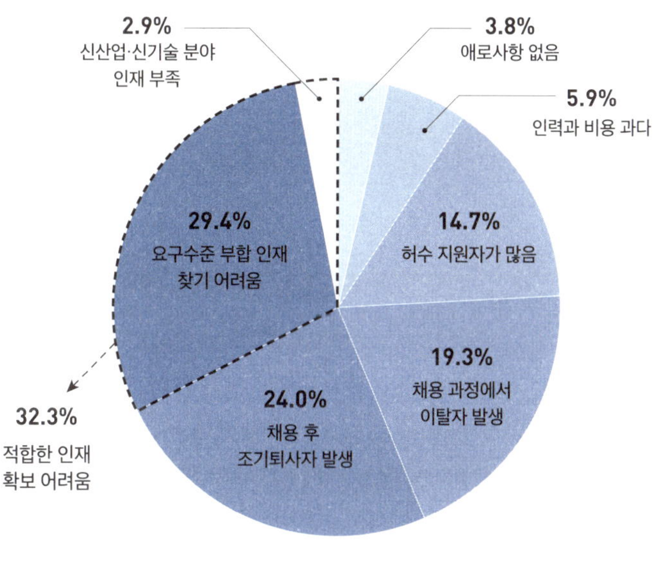

▨ 한국경제인연합회 조사 대기업 신규채용 관련 애로사항(%)

이러한 변화의 중심에는 기업의 업무 방식을 근본적으로 송두리째 바꾸고 있는 AI의 도입이 자리 잡고 있다. AI가 보편화되기 이전에는 신입 사원을 채용하여 교육의 목적을 겸해 리서치 업무 등에 활용해 왔으나, 이제는 상황이 완전히 달라졌다. 현재의 AI는 그 어떤 신입 사원보다도 방대한 지식을 보유하고 있으며 월등히 빠른 조사 능력을 갖추고 있기 때문이다. 기업 입장에서는 과거 수준의 역량을 가진 신입 사원에게 비싼 인건비를 지불하며 처음부터 가르치기보다는, 효율적인 AI를 활용하는 쪽을 선택하게 된다. 따라서 대학은 시대의 흐름에 맞춰 단순히 지식을 축적해 졸업시키는 곳이 아니라, 실제 사회의 일들을 기획부터 실행까지 주도할 수 있는 '프로젝트 매니저'나 '프로젝트 디자이너'를 길러내는 실무형 교육으로 전환해야 한다. 그러나 이러한 교육 현장의 변화는 대단히 더디기만 하다. 상황이 이렇다 보니 기업들은 교육 비용과 시간이 들어가는 신입 사원보다 즉시 현장에 투입 가능한 경력자를 갈수록 더 선호하게 된다. 물론 교육 체질이 바뀌어야 한다는 주장에 대해 "고등학교가 대학입시를 위한 곳이냐", "대학교가 취업시키는 곳이냐"라는 식의 날 선 반문을 제기하며 화를 내는 사람들도 여전히 많다. 교육이 취업의 도구로만 전락해서는 안 된다는 뜻이겠지만, 학생들이 사회라는 다음 단계에 성공적으로 안착할 수 있도록 최소한의 발판을 마련해 주는 역할은 교육이 수행해야 할 가장 기본적이고 필수적인 책무라 할 수 있다.

기업이 신입 사원 채용을 주저하게 만드는 또 다른 심각한 원인은 '채용 후 조기 퇴사자'가 너무 많이 발생한다는 점이다. 이는 대기업들이 겪는 애로사항 중 두 번째로 높은 24%의 비중을 차지할 만큼 현장에서 매우 심각하게 받아들여지는 문제다. 이 현상은 단순히 심증이 아니라 명확한 통계로도 증명되는데, 교육부와 국가데이터처가 2021년 고등교육기관 졸업자를 3년간 추적 조사하여 2025년 12월에 발표한 결과에 따르면, 취업 후 3년 이내에 첫 직장을 그만두고 일자리를 이동하는 비율이 무려 44.1%에 달하는 것으로 나타났다. 결국 세간에서 "요즘 애들은 3년 안에 절반이 그만 둔다"라고 하는 말이 통계적으로도 결코 틀린 말이 아닌 셈이다. 기업은 신입 사원 한 명을 선발하는 비용뿐만 아니라, 이들이 제 몫을 다할 수 있도록 기초 업무를 교육시키는 데도 꽤 많은 투자를 해왔다. 과거에는 직원이 회사와 함께 성장하며 오래 다닐 것이라는 믿음이 있었기에 이러한 투자가 가능했으나, 이제는 조기 퇴사가 일반화되면서 기업들은 차라리 다른 곳에서 이미 교육을 받고 실무를 익힌 경력자를 뽑는 것이 여러모로 이득이라는 인식을 더욱 굳히게 되었다. 따라서 이러한 현상을 단순히 청년들의 인내심 부족으로 치부하기보다는, 일에 대한 가치관 자체가 근본적으로 변한 젊은 세대의 인식과 시대의 흐름을 반영하지 못하는 경직된 회사 문화 사이의 괴리를 사회 구조적 관점에서 면밀히 분석하고 개선하려는 노력이 반드시 뒷받침되어야 한다.

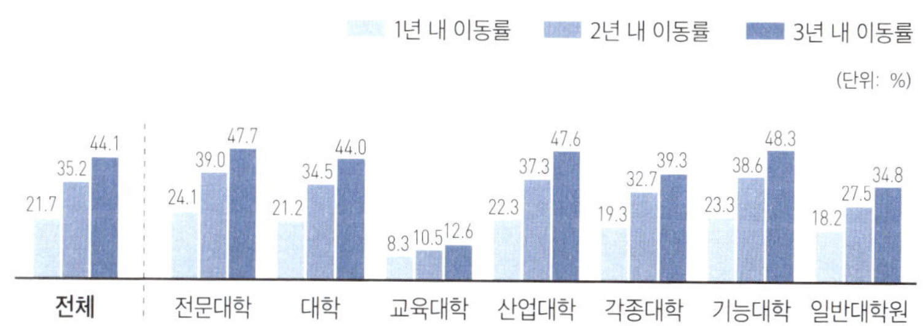

신규채용이 어려워지는 또 다른 원인은 세대 간의 갈등이라는 보다 근본적인 문제를 내포하고 있다. 한국경영자총협회의 보고서에 따르면, 지난 20년간 대기업 내 인력 구조는 급격하게 변했다. 지금으로부터 20여 년 전인 2004년의 고령 근로자(55~59세)와 청년 근로자(23~27세) 수를 각각 100으로 보았을 때, 2024년 고령자는 592.6으로 폭증한 반면 청년은 98.2로 오히려 감소했다. 전체 근로자 중 비중 또한 고령자는 2.9%에서 9.3%로 늘었지만, 청년은 13.7%에서 7.3%로 급감하여 이제는 사내 고령 근로자의 수가 청년 근로자를 추월한 상태이다.

▨ 대기업 정규직 부문의 고령자와 청년 고용 추이

구분		2004년	2009년	2014년	2019년	2024년
고용 지수	고령자	100	170.3	313.9	440.4	592.6
	청년	100	82.3	72.9	87.3	98.2
고용 비중	고령자	2.9%	4.2%	6.6%	8.3%	9.3%
	청년	13.7%	9.6%	7.3%	7.6%	7.3%

이러한 인력구조의 변화는 법으로 정해진 60세 정년 의무화가 고령자의 자리를 보존해 주는 대신, 신규 진입해야 할 청년들의 일자리를 잠식하는 세대 간 경합 현상을 여실히 보여준다. 여기에 더해 인구가 가장 많은 세대가 정년에 임박하자 사회적으로 정년을 65세까지 연장하려는 논의가 다시 고개를 들고 있다. 이에 대해 한국경영자총협회가 2025년 10월에 실시한 여론조사 결과에 따르면, 구직 중인 청년들의 70.8%는 정년 연장이 추진될 경우 기업의 신규 채용 규모가 줄어들 것이라고 응답하며 깊은 불안감을 표하고 있다.

결국 신입 사원이 사라지는 배경에는 AI 기술의 발전부터 교육 체계의 비현실성, 젊은 세대의 일에 대한 변화된 태도, 경직된 기업 문화, 그리고 고령화에 따른 세대 갈등까지 우리 사회의 온갖 모순이 얽혀 있다. 이 거대한 매듭을 풀기 위해서는 무엇보다 기성세대가 이미 확보한 안정적인 일자리와 높은 연봉, 그리고 법적 정년이라는 제도적 보호막을 신규 세대와 나누겠다는 실질적인 결단을 내려야 한다. 즉, 정년 연장이나 호봉제 같은 기존의 혜택을 고수하기보다 유연한 노동시장을 수용하고 청년들을 위한 자리를 마련해 주는 고통 분담이 필요하다는 뜻이다. 하지만 현실적으로 이러한 양보가 이루어질 가능성이 매우 낮아 보인다는 점에서, 사회적 진입로가 차단된 청년 세대의 앞날은 여전히 어둡고 안타깝기만 하다.

일본 취업률 98%의 함정
- 통계 착시에 속지 마라 -

취업 시장의 위기는 오늘날 전 세계적인 추세이며, 우리나라는 그 중심에서 유독 깊은 구조적 갈등을 겪고 있다. 여기서 말하는 구조적 갈등이란 단순히 일자리의 숫자가 부족해서 생기는 문제를 넘어선다. 이는 일자리의 질적 양극화, 수도권 일극 체제, 그리고 고학력 인플레이션이 서로 톱니바퀴처럼 맞물리지 못하고 삐걱거리며 충돌하는 현상을 의미한다.

이러한 갈등의 골이 깊어질수록 우리 사회는 이웃 나라의 겉모습에 쉽게 현혹되곤 한다. 매년 졸업 시즌마다 언론들이 '일본 대졸 취업률 98%, 사실상 완전 고용 달성'과 같은 자극적인 보도를 쏟아내는 것이 대표적인 예다. 취업난에 지친 청년들에게 일본은 마치 원하는 곳 어디든 갈 수 있는 '취업 낙원'처럼 비치지만, 사실 이는 조사 방식의 차이를 무시한 채 결과 수치만 평면적으로 비교한 일종의 '통계적 착시'다. 우리가 마주하는 화려한 숫자 이면에는 한국과 일본의 전혀 다른 조사 설계와 사회적 배경이 숨어 있다.

먼저 우리나라의 취업 통계는 국가가 주도하는 매우 엄격하고 정밀한 전수조사에 가깝다. 교육부와 한국교육개발원은 국가데이터처와 함께 매년 전국 모든 대학의 졸업생 60만 명 이상을 대상으로 조사를 실시한다. 우리의 계산 방식은 매우 정교하다. 한국은 전체 졸업자 수에서 상급 학교 진학자, 입대자, 취업 불가능자, 외국인 유학생 등을 모두 제외하여 실제로 일자리를 구해야 하는 '취업 대상자'를 확정한다. 이렇게 산출된 '취업 대상자'를 분모로 두고, 그중 실제 취업에 성공한 인원을 분자로 하여 비율을 낸다.

구분	한국	일본
참여부처	교육부, 국가데이터처	후생노동성, 문부과학성
조사범위	전수조사 (60만 명 이상)	표본 조사 (약 6,250명 추출)
검증방식	공공 DB(건강보험 등) 직접 연계	전화 및 면접 설문
대상자	취업 대상자 (진학·입대자 등 제외)	취업 희망자 (비희망자 제외)
정밀지표	유지취업률 (4차 검증)	졸업 전 시기별 취업률

조사 과정 역시 단순히 설문에만 의존하지 않는다. 국민건강보험공단, 국세청, 병무청 등 15개 기관의 공공 데이터베이스[DB]를 직접 연계하여, 실제로 건강보험에 가입되어 있거나 세금을 납부하는 '진짜 취업자'를 가려낸다. 특히 한국은 '유지취업률'이라는 지표를 통해 졸업 시점에 취업했더

라도 3·6·9·11개월 후까지 그 자격을 유지하고 있는지를 네 차례나 확인한다. 이는 대학들이 단기 일자리로 취업률을 부풀리는 꼼수를 부리지 못하도록 막는 강력한 장치다.

반면 일본의 취업률 98%는 후생노동성과 문부과학성이 공동으로 실시하는 표본조사 결과에 불과하다. 일본 전역의 수천 개 교육기관 중 단 112개교만을 선정하고, 그 안에서도 학교당 약 55명씩 총 6,250명 정도의 학생만을 추출한다. 결정적인 차이는 분모가 되는 대상에 있다. 한국은 취업 대상자를 엄격히 산출해 분모로 두지만, 일본 정부는 조사 과정에서 "취업할 의사가 있습니까?"라는 질문에 "예"라고 답한 '취업 희망자'만을 대상으로 취업률을 계산한다. 즉, 진로를 결정하지 못했거나 구직을 포기한 이들은 아예 통계의 분모에서 빠지게 된다.

이처럼 일본이 정밀한 전수조사를 하지 못하는 이유는 역설적이게도 그들의 아날로그적 한계 때문이다. 우리나라는 개인의 취업 상태를 실시간으로 확인할 수 있는 행정 DB 시스템이 세계 최고 수준으로 구축되어 있지만, 일본은 여전히 전화나 대면 면접을 통해 직접 물어보는 아날로그 방식을 고수하고 있다. 국가 차원에서 실시간 데이터를 연동하여 통계를 검증할 수 있는 시스템이 부재하다 보니, 소수의 인원에게만 전화를 돌려 확인하는 표본 조사에 의존할 수밖에 없는 것이다. 결국 일본의 98%는 '취업을 원하는 학생들만의 기록'일 뿐이며, 한국식 계산법을 적용한다면 일본의 실제 취업률 역시 우리와 비슷한 70%대 전후로 떨어진다. 다음 표는 일본 후생노동성과 문부과학성이 발표한 2025년 일본 대졸자 취업률이다. 표에서 볼 수 있듯이 우리 방식의 취업률 계산을 한다면 취업률이 아니라 '취업 희망률'이 더 가까울 것이며 취업 희망률에 취업률을 곱하여 계산하게 되면 우리나라 대졸 취업률과 비슷하거나 조금 더 높은 수준의 취업률일 것으로 추정된다.

구 분	취업 희망률	2025년 취업률	2024년 취업률
대학	75.6%(0.8)	98.0%(▲ 0.1)	98.10%
국공립	53.4% (▲ 2.4)	97.6% (▲ 0.9)	98.50%
사립	86.7% (2.5)	98.1% (0.2)	97.90%
단기 대학	82.5%(2.3)	97.0%(▲ 0.4)	97.40%
고등 전문학교	57.8%(0.0)	99.6%(▲ 0.4)	100.00%
계	75.0%(0.9)	98.0%(▲ 0.1)	98.10%

비록 통계 방식에 차이가 있어 수치가 과장된 면은 있으나, 일본의 고용 상황이 우리보다 안정적인 구조를 가진 것은 사실이다. 그 배경에는 숫자가 아닌 '질적 생태계'의 차이가 존재한다. 일본은 대기업과 중소기업 간의 임금 격차가 한국에 비해 현저히 낮다. 우리나라 대기업 신입 연봉이 중소기업보다 두 배 가까이 높은 반면, 일본은 그 차이가 적어 학생들이 중소기업에 들어가는 것을 인생의 낙오로 여기지 않는다. 중소기업에 취직해도 평범하고 안정적인 삶을 유지할 수 있다는 사회적 신뢰가 깔려 있기 때문이다.

또한 일본은 전국 각지에 세계적인 기술력을 갖춘 '강소기업'들이 포진해 있다. 굳이 도쿄로 상경하지 않아도 지역 내에서 충분히 보람 있는 일자리를 찾을 수 있는 토양이 마련되어 있다. 반면 우리나라는 모든 일자리와 인프라가 수도권에 집중되어 있고, 대학 진학률 또한 일본보다 높다. 모두가 대학을 졸업하고 수도권 대기업이라는 좁은 문 하나만을 바라보며 일렬로 줄을 서니, 구조적 갈등은 심화되고 청년들의 좌절감은 커질 수밖에 없다.

그렇다면 우리는 어떻게 해야 할까. 단순히 수치상의 취업률을 높이는 데 급급할 것이 아니라, 고용 생태계의 '허리'를 튼튼하게 만드는 데 역량을 집중해야 한다. 일부 대기업의 파격적인 성과급 소식이 들릴 때마다 중소기업 청년들은 박탈감을 느끼며 조기 이직을 고민하게 된다. 실제로 우리나라 신입 사원의 3년 내 이직률이 50%에 육박하는 현실은 기업들이 신입 교육을 포기하고 경력직만 선호하게 만드는 악순환을 낳는다.

우리가 진정으로 배워야 할 점은 일본의 통계 수치가 아니라, 중소기업이 강해지고 그곳에서도 전문성을 인정받으며 안분지족할 수 있는 사회적 환경이다. 수도권 집중을 완화하고 지역마다 내실 있는 기업들이 자생할 수 있도록 정책적 지원과 인식의 전환이 병행되어야 한다. 실질적인 기술을 가진 기업이 대우받고 학교 이름이 아닌 실력이 존중받는 사회로 체질을 개선하는 것만이 청년들에게 진정한 해답을 줄 수 있다.

당장 모든 문제를 해결할 수는 없겠으나, 통계 방식의 본질적 차이를 이해하는 것부터 시작해야 한다. 단순히 겉으로 드러난 수치만을 비교하며 우리나라 청년들의 역량이 부족한 것처럼 치부하며 자존감을 꺾어서는 안 된다. 청년들이 겪는 고통은 개인의 나태함이 아니라 뒤틀린 구조의 결과물이다. 비난보다는 '팩트'에 근거한 정확한 이해와 건강한 생태계를 조성하려는 사회적 노력이 그 어느 때보다 절실하다.

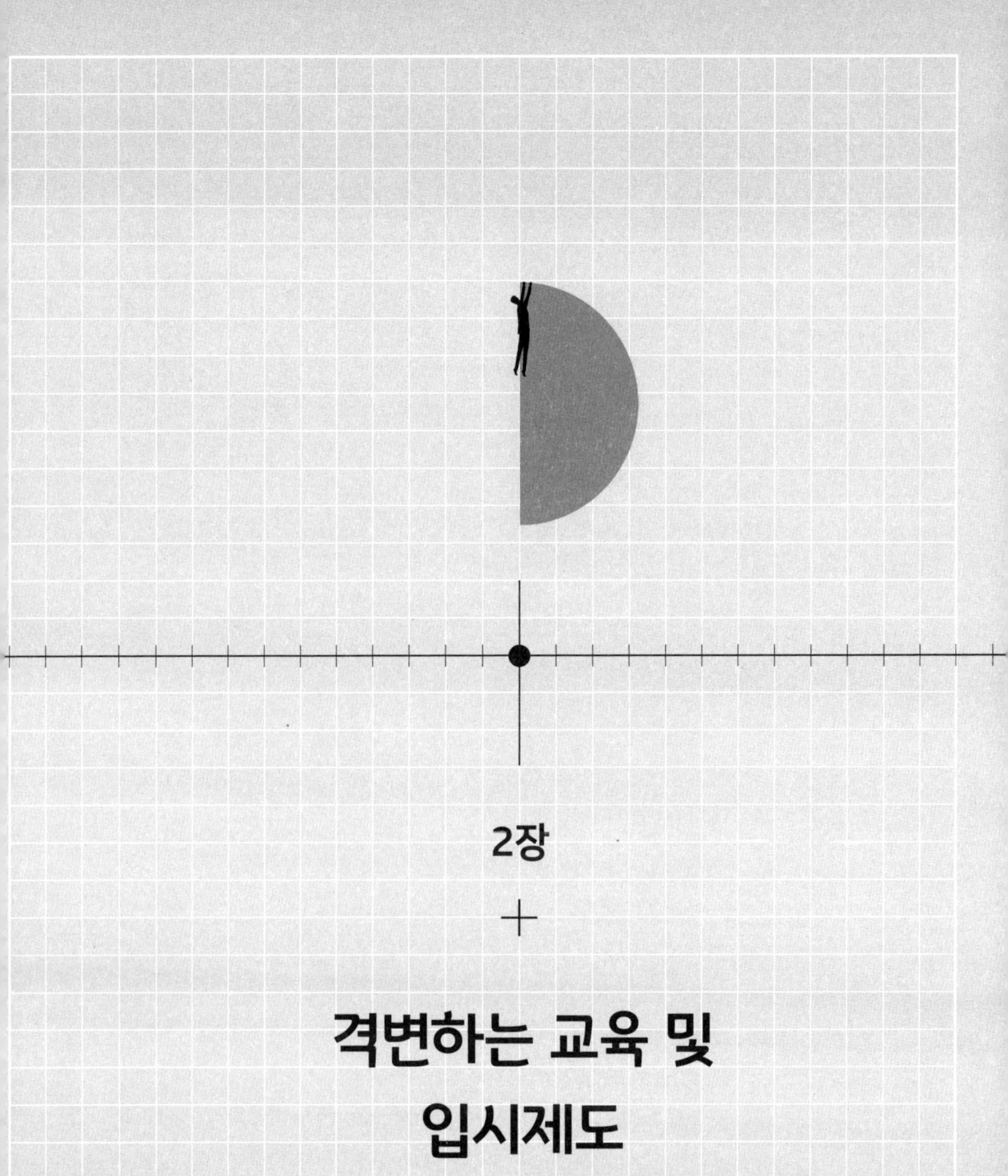

2장

격변하는 교육 및
입시제도

이공계 가면서 사탐 선택?
'사탐런'이 불러온 입시 촌극

우리나라 경제는 상품 수출 의존도가 주요 20개국[G20] 중 가장 높으며, 자원의 부족으로 인해 필수 에너지와 원료를 수입하여 가공한 뒤 다시 내다 팔아야만 생존할 수 있는 구조를 지니고 있다. 이러한 대외 의존적 경제 구조는 내수 시장보다 무역에 의지하는 비중이 압도적으로 크기 때문에 환율, 유가, 통상 환경과 같은 외부 변동성에 대단히 취약할 수밖에 없다. 이는 우리 경제가 왜 늘 세계 정세 변화에 민감하게 반응하며, 작은 국제적 충격에도 큰 파고를 겪게 되는지를 잘 보여준다.

정부는 국가의 생존을 지탱하는 핵심 동력을 체계적으로 관리하기 위해 반도체, 자동차, 조선 등 '15대 주력 수출품목'을 지정하여 매달 그 실적을 정밀하게 집계하고 있다. 놀랍게도 2025년 대한민국은 글로벌 공급망 위기와 대외 여건의 악재 속에서도 역사상 최초로 연간 수출액 7,000억 달러를 돌파하며 역대 최대 실적을 달성하는 놀라운 성과를 거두었다. 다음 표는 산업통상부에서 발표한 역대 최고를 기록한 2025년 우리나라 15대 주력 수출품목의 수출실적이다.

▨ **2025년 15대 주력수출품목 수출 실적 (억 달러, %)**

구 분	반도체	디스플레이	무선통신기기	컴퓨터	자동차	자동차부품	일반기계	선박
수출액	1,733.90	169.8	172.6	137.5	719.8	212	469.1	320.3
증감률	22.2	△9.4	0.4	4.5	1.7	△5.9	△8.3	24.9
역대순위	1위	-	-	-	1위	-	-	-
구 분	석유제품	석유화학	바이오헬스	가전	섬유	철강	이차전지	전체
수출액	454.8	425.1	162.7	72.7	96.8	303	72.3	7,096.90
증감률	△9.6	△11.4	7.9	△8.8	△7.5	△9.0	△11.9	3.8
역대순위	-	-	3위	-	-	-	-	1위

　이러한 화려한 숫자 뒤의 세부 실적을 들여다보면 특정 품목에 의존하는 양극화 현상이 뚜렷하게 나타난다. 반도체와 선박 등의 품목은 비약적인 성장을 기록하며 전체 수출 수치를 견인했지만, 정작 15대 주력 품목 중 9개는 전년 대비 수출액이 오히려 감소하는 부진을 겪었다. 특히 반도체는 사상 최대 실적을 기록하며 국가 경제의 든든한 버팀목임을 재확인시켜 주었으나, 반대로 석유제품, 석유화학, 이차전지 분야는 전년 대비 큰 폭의 마이너스 성장을 기록했다. 실제로 국내 석유화학 산업의 심장부인 여수 석유화학단지가 왜 산업위기대응 특별지역으로 지정되었는지 이러한 구체적인 지표를 통해 그 이유를 명확히 알 수 있다. 이처럼 내가 직접 수출

업에 종사하지 않는 자영업자라 할지라도, 가게를 찾는 손님들의 지갑 사정과 소비력은 결국 이러한 국가 주력 산업의 증감 추이에 좌우될 수밖에 없다. 결국 수출 실적은 먼 나라 이야기가 아니라 우리 모두의 민생 및 지역 경제와 직결되는 생존의 문제이다.

과거 세계에서 가장 가난했던 나라 중 하나였던 대한민국이 '한강의 기적'을 일구며 오늘날의 선진국 반열에 오른 근간에는 지난 수십 년간 일관되게 추진해 온 과학기술 부흥 정책이 있었다. 현재 우리나라를 먹여 살리는 15대 주력 수출품목을 살펴보면 물리, 화학, 생명과학, 지구과학 등의 기초 과학 원리가 적용되지 않은 분야는 단 하나도 없으며, 우리가 수출하는 모든 제품은 사실상 고도로 정밀한 수학과 과학의 결정체라고 할 수 있다. 특히 인공지능[AI]과 첨단 로봇이 국가의 패권을 결정짓는 시대에 접어들면서, 과학기술 경쟁력은 단순한 산업 발전을 넘어 국가의 생존과 안보를 결정짓는 핵심 요소가 되었다.

그러나 국가의 미래 경쟁력을 담보해야 할 교육 현장에서는 이러한 산업계의 절박한 요구와는 정반대되는 우려스러운 현상이 나타나고 있다. 2026학년도 대학수학능력시험 응시원서 접수 결과에 따르면, 사회탐구만을 선택한 학생이 전체의 61%에 달하는 반면, 과학탐구만을 선택한 학생은 22.7%에 불과한 것으로 조사되었다. 사회 1과목과 과학 1과목을 각각 선택한 학생은 16.3%였다.

▨ **2026학년도 대학수학능력시험 사회·과학 탐구 지원현황**

구분	사회탐구	과학탐구	사회 + 과학	계(단위: 명)
인원(명)	324,405	120,692	86,854	531,951
비율(%)	61.0%	22.7%	16.3%	100.0%

상황의 심각성은 10년 전인 2017학년도 대입과 비교했을 때 더욱 명확히 드러난다. 당시 사회 선택 학생은 54.6%, 과학 선택 학생은 44%였으나 현재는 과학 선택 비율이 급격히 낮아졌다. 특히 과학의 핵심 과목 중 하나인 화학I의 경우, 2017학년도 수능에서는 126,203명이 택해 전체 수험생 중 21.65%가 선택했던 과목이었으나, 10년이 지난 2026학년도에는 무려 10만 명이 감소한 26,683명만이 선택하며 점유율이 5.02%로 추락했다. 반면 생활과 윤리 과목은 188,061명에서 224,552명으로, 사회문화 과목은 178,032명에서 263,047명으로 크게 늘었으며, 이러한 현상을 입시에서는 과학을 포기하고 사회로 이동하는 '사탐런'이라고 부른다.

이러한 기형적인 현상은 교육당국이 추진한 입시 정책의 부작용에서 기인한다. 불과 몇 해 전 이공계 학생들이 문과의 학과에 대거 진학하는 '이과의 문과 침공' 논란이 일자, 교육당국은 문·이과 통합형 교육과정의 취지를 내세워 이공계 대학에 입학할 때 반드시 이과 수학과 과학을 선택해야만 했던 '과목 지정'을 해제하도록 유도했다. 대학 입학 후 전공 공부를 위해 수학과 과학 지식이 필수적임에도 불구하고, 정책적으로 진입 장벽을 무너뜨린 결과가 2026학년도 대입 상황으로 나타난 것이다. 이에 따라 학생과 학부모 입장에서는 학습량이 많고 어려운 과학 대신 상대적으로 수월한 사회 과목을 선택하는 것이 합격에 유리한 전략이 된 것이다.

더욱이 상대평가 체제하에서 대다수 학생이 사회탐구로 이동하면서, 과학탐구 과목에는 최상위권이나 영재학교, 과학고 학생 등 학생들의 입시 용어로 '고인물'들만 남게 되었다. 일반 학생들로서는 굳이 이들의 성적을 받쳐주는 바닥 역할을 할 이유가 사라진 셈이다.

2028학년도 대입부터 수능제도가 개편이 되어 모든 학생이 동일한 시험을 치르게 되지만, 시험 범위가 고1 수준의 통합과학으로 한정되면서 결과적으로 모든 수험생이 '사탐런'을 한 것과 유사한 상황이 벌어졌다. 과학

기술 중심 사회로 나아가야 할 국가적 방향과 입시제도가 정반대로 엇갈리는 이러한 현실은 대한민국의 미래에 깊은 우려를 자아낸다.

대학에 합격하는 것이 입시의 일차적 목표이기에 '일단 붙고 보자'는 절박한 마음은 충분히 이해한다. 하지만 대학 진학은 인생의 최종 목적지가 아니라, 전문성을 쌓아 사회로 나아가는 긴 여정 중의 하나일 뿐임을 기억해야 한다. 특히 이공계 전공자가 고등학교에서 수학과 과학을 깊게 공부하지 않은 채 입학하게 되면 대학 수업을 따라가기 어렵기 때문에 가급적 자신의 진로와 전공에 맞는 과목을 선택하여 학문적 기초를 다지는 것이 대학 진학 후의 방황과 시행착오를 줄이는 가장 현명한 방법이다.

그럼에도 불구하고 현실은 참으로 역설적이다. 2027학년도 대입을 앞두고 만약 누군가가 화학을 선택하겠다고 한다면, "다시 한번 생각해보는 것은 어떠니?"라고 되묻게 되는 지금의 상황이 그야말로 '웃픈' 현실이기 때문이다. 상대평가 체제에서 상위권 학생들만 남은 과학 탐구 과목을 지키며 다른 이들의 성적을 받쳐주는 '바닥' 역할을 자처하라고 권유하기가 무척이나 어려운 것이 솔직한 심정이다.

"1등급 아니면 끝?" 언론이 만든 '내신 5등급제' 괴담 팩트체크

2025년도에 고등학교 1학년이 된 학생들은 2022 개정 교육과정이 적용되는 첫해 아이들이라 여러 가지 변화가 많았다. 그중 가장 큰 변화는 내신 등급제도이다. 2005년에 처음 도입되었던 내신 9등급 상대평가제도가 2025학년도 고1부터는 5등급 상대평가 제도로 바뀌게 되었다. 이에 따라 2025학년도 고등학교 입학 학생들이 대학입시를 치르는 2028학년 대입부터는 수능은 9등급제, 내신은 5등급제의 형태로 바뀌게 된다.

2027 대입까지		2028 대입부터		
등급	수능, 내신	등급	수능	내신
1	4%	1	4%	10%
2	7%	2	7%	24%
3	12%	3	12%	32%
4	17%	4	17%	24%
5	20%	5	20%	10%
6	17%	6	17%	
7	12%	7	12%	
8	7%	8	7%	
9	4%	9	4%	

역사상 처음 실시하는 내신 5등급제이므로 대학입시에서 어떤 결과로 다가올지 예측조차 어렵기 때문에 해당 학생과 학부모들은 불안할 수밖에 없었다. 그중 하나가 10%가 1등급인데 서울 상위권 대학의 경우는 대입 성적 상위 10% 안에 들어야 갈 수 있는 대학이므로 단 한 과목만 2등급이 나와도 명문대에 갈 수 없다는 괴담이었다. "한 번 삐끗하면 내신 망해, 강남3구 수능 올인 자퇴생 확 늘었다", "1등급 못 받으면 끝. 고교학점제 전면 시행에 고1 자퇴생 급증", "1등급 받아도 인서울 못해, 자퇴 사태 부르는 내신 5등급제" 등 자극적인 기사들이 양산되면서 학생과 학부모들의 불안감을 키웠다. 특이한 점은 이러한 보도들이 구체적인 취재나 과학적 자료에 기반한 것이 아니라, SNS에 떠돌던 근거 없는 소문을 기사화한 경우가 대부분이었다는 것이다. 언론의 사회적 신뢰도를 고려할 때, 이는 매우 무책임한 뉴스였다.

이 비과학적인 상황을 타개할 구원투수로 등장한 것이 바로 부산시교육청이었다. 부산시교육청 산하 부산 진로진학지원센터에서 1학기가 끝나자마자 부산 지역 81개 고등학교 1학년 학생 1만 3,553명의 2025학년도 1학기 성적을 수집해 분석했다. 거의 전수조사라고 볼 수 있는 규모이다. 그 결과는 언론이 보도했던 내용과 전혀 달랐다. 다음 표는 부산교육청의 2025년 1학기 부산 지역 고등학교 1학년 학생들의 내신성적 결과이다.

▨ 2025년 부산 지역 고등학교 1학년 1학기 성적 분포

5등급제 성적	누적 백분위
1.00등급	2.07%
1.16등급	2.85%
1.33등급	5.03%
1.50등급	7.30%
1.66등급	9.97%
1.83등급	13.56%
2.00등급	18.59%
2.50등급	31.87%
3.00등급	51.18%
4.00등급	85.22%
5.00등급	100.00%

부산시교육청이 1만 3천여 명을 대상으로 실시한 전수조사 결과는 이러한 언론의 보도가 얼마나 비과학적인 기우였는지를 여실히 증명한다. 우려와는 달리 한 과목의 1등급은 10%이지만, 1학기 모든 과목을 다 1등급 받은 학생들은 2.07%에 불과했다. 고3 학생이 수시 전형에서 평가받는

학생부는 3학년 1학기까지다. 그때까지는 4학기가 남아 있기 때문에 1학기에 모두 1등급을 받은 2.07% 학생들도 남은 학기 내내 모두 1등급을 유지하기는 통계적으로 매우 어렵다.

특히 학년이 올라갈수록 진로에 따라 과목을 다양하게 수강하므로 과목당 수강 인원이 줄어들게 되는데, 수강 인원이 적어지면 1등급(상위 10%)에 배정되는 인원 자체가 줄어들어 모든 과목에서 1등급을 획득할 확률은 갈수록 희박해진다. 결과적으로 3학년 1학기까지 끝났을 때는 모든 과목에서 1등급을 받은 학생이 0.5%에서 1% 사이를 기록할 것으로 부산교육청은 전망했다. 비슷한 조사를 한 경기도와 서울의 사정도 이와 크게 다르지 않다. 이는 서울 상위권 대학의 전체 선발 인원보다 훨씬 적은 수치다. 결국 주요 대학 합격생의 절대다수는 성적표에 2등급, 3등급을 몇 번쯤 찍어본 학생들일 수밖에 없다는 것이 과학적인 결론이다.

결국 언론이 양산한 공포는 수학적 근거가 없는 '카더라'에 불과했다. 1등급을 주로 받던 학생이 과목에서 실수해서 2, 3등급을 몇 번 받아도, 2등급을 주로 받는 학생이 3, 4등급을 몇 번 기록해도 본인이 목표로 하는 대학에서 완전히 멀어지는 것은 아니다. 대학은 단 한 번의 시험으로 학생을 재단하는 단판 승부처가 아니기 때문이다. 대학은 5학기 동안의 성적을 합산하여 평균치를 산출하거나 성적의 변화 추이를 관찰하는 등 입체적인 평가 시스템을 갖추고 있다. 특정 학기나 과목에서의 실수는 다른 학기나 과목에서의 성과와 합산되며 전체 등급에 미치는 영향이 분산된다. 오히려 대학은 초반의 시행착오를 극복하고 점진적으로 성적을 올린 학생의 발전 가능성에 더 주목하기도 한다.

또한 5등급제 하에서는 1등급 구간이 10%로 넓어졌기 때문에 대학은 단순히 등급 숫자만으로 학생을 가릴 수 없다. 이제 대학은 등급이라는 외형보다 원점수의 우수성과 세부능력 및 특기사항에 담긴 탐구의 깊이를 현미경처럼 들여다볼 것이다. 내신 1등급을 받고도 활동이 부실한 학생보다, 2등급을 받았지만 어려운 과목에 도전하고 그 과정에서 탁월한 지적 호기심을 증명한 학생이 상위권 대학에 합격할 확률이 훨씬 높은 시대가 된 것이다. 중요한 것은 숫자의 완벽함이 아니라 어떤 학습의 궤적을 그리며 성장하고 있는가이다. 이제 부모들은 아이의 성적표에서 사라진 1등급을 찾으며 질책할 것이 아니라, 아이가 남은 학기 동안 자신의 역량을 어떻게 생생하게 증명해 나갈지 함께 고민해야 한다. 데이터는 이미 우리에게 공포에서 벗어나 교육의 본질에 집중하라고 말하고 있다.

데이터가 증명하듯 내신 5등급제 시대의 핵심은 완벽한 숫자라는 환상에서 벗어나 대학이 실질적으로 평가할 수 있는 '변별 지표'를 선점하는 것이다. 등급이 뭉뚱그려진 환경에서 학생과 학부모가 취해야 할 가장 현실적인 전략은 다음과 같다.

첫째, 정량평가 점수의 한계를 정성평가 기록으로 돌파해야 한다. 1등급이 10%로 늘어났다는 것은 내신 등급이 변별의 도구에서 최소한의 자격 지표로 바뀌었음을 의미한다. 이제 대학은 성적표의 숫자 뒤에 숨은 '역량'을 찾아야 한다. 단순히 문제를 많이 풀어 실수를 줄이는 훈련보다, 교과 수업 내에서 자신의 학업적 호기심과 문제 해결 능력을 서술형 기록(교과 세부 능력 및 특기사항)으로 남기는 것이 훨씬 강력한 무기가 된다. 숫자로 차별화할 수 없다면, 구체적인 사례와 증거가 담긴 텍스트로 차별화해야 한다.

둘째, 인원이 적더라도 전공과 직결된 '핵심 권장 과목'을 선택하여 정면 돌파해야 한다. 상위권 대학을 노린다면 내신 등급을 따기 쉬운 과목만 골라 듣는 편의적 발상은 5등급제 체제에서 가장 위험한 선택이다. 특히 2028 대입부터 성적표에서 '표준편차'가 삭제됨에 따라, 대학은 역설적으로 학생이 선택한 과목의 위계와 난이도를 더 정밀하게 분석하게 되었다. 대학은 학생의 성적표와 함께 제공되는 '교육과정 편제표'를 대조하며 학생의 도전 정신을 가늠한다. 기계공학 계열 지망생이 인원이 적다는 이유로 물리 과목의 '전자기와 양자'나 수학 과목의 '미적분II'를 기피한다면, 아무리 다른 과목에서 1등급을 받아도 전공 적합성 평가에서 치명적인 결격 사유가 될 수 있다. 1등급 10% 체제는 역설적으로 '조금 더 어려운 과목에 도전해도 등급의 타격이 적다'는 대학의 유도 장치로 해석하고 활용해야 한다.

셋째, 수능은 내신의 부족함을 메울 가장 확실한 객관적 지표다. 내신의 정량적 변별력이 약화될수록 대학은 동점자 처리를 위해 수능 최저학력기준을 강화하거나 적극적으로 활용할 가능성이 크다. 내신에서 결정적인 실수를 했더라도 강력한 수능 성적을 보유하고 있다면, 대학은 해당 학생의 학업 역량을 신뢰할 수밖에 없다. 내신과 수능을 분리하는 이분법적 사고를 버리고, 학교 수업을 수능 대비의 기초로 삼는 통합형 학습 전략이 가장 안전한 합격권에 드는 길이다.

결국 5등급제는 학생들에게 "실수하지 마라"고 압박하는 대신 "네가 이 학문을 공부할 준비가 되었음을 증명하라"고 요구하는 제도다. 숫자가 주는 공포에서 벗어나 대학이 원하는 실질적인 학업 역량을 성적과 기록으로 증명해내는 학생만이 변화된 입시의 승자가 될 것이다. 이제 부모의 질문도 바뀌어야 한다. "왜 1등급이 아니니?"라는 질책 대신, "이 과목에서 네가 깊게 파고든 주제는 무엇이니?"라고 묻는 것이 입시의 본질에 가장 가까운 대화다.

사실 내신과 수능, 그리고 학생부 기록까지 무엇 하나 놓칠 수 없는 지금의 입시가 학생들에게 '최선의 제도'인지는 여전히 의문이다. 공부만 잘해서도 안 되고 활동까지 챙겨야 하는, 소위 '완전체'를 요구하는 입시는 분명 가혹하다. 하지만 분명한 사실 하나는, 언론이 떠드는 것처럼 내신 한 번의 실수 때문에 학교라는 시스템을 스스로 탈피할 이유는 전혀 없다는 것이다.

자퇴를 고민하는 아이와 부모들에게 묻고 싶다. 과연 학교라는 '검증된 커리큘럼'을 벗어나 혼자서 입시를 준비하는 것이 5등급제라는 '완화된 평가 기준' 안에서 버티는 것보다 효율적일까? 통계가 보여주듯 1등급은 누구나 받는 흔한 결과가 아니며, 대학 또한 수험생이 기계처럼 완벽할 수 없다는 사실을 이미 평가 시스템에 반영하고 있다. 또 수능과 논술이라는 대안도 분명 존재한다.

학교는 입시를 위한 평가 장소이기 이전에, 아이가 사회로 나가기 전 시행착오를 겪어도 리스크가 가장 적은 '학습 공간'이다. 완벽한 점수만을 위해 학교를 떠나는 선택은 대입이라는 단기 과제에서는 전략처럼 보일지 모르나, 사회적 관계와 소속감을 잃는다는 점에서는 비용 대비 손실이 너무 큰 선택이다. 내신 5등급제는 아이를 벼랑 끝으로 미는 제도가 아니라, 오히려 한두 번의 실수를 만회할 수 있도록 성적의 하한선을 지탱해 주는 안전망에 가깝다. 부디 숫자가 주는 공포에 속아 아이의 가장 중요한 성장 기반을 포기하지 않길 바란다. 입시는 결국 지나가는 통과의례일 뿐이지만, 학교 안에서 부딪히며 배운 문제 해결 능력과 관계의 경험은 아이가 평생 활용할 진짜 자산이기 때문이다.

고교학점제는 '귀찮은 제도'가 아니라
'대입 실패 예방주사'다

2025년 입학한 학생들부터 본격 시행된 고교학점제는 마치 처음 가보는 길처럼 낯설고 두렵게 느껴질 수 있지만, 그 실체를 들여다보면 생각보다 복잡하지 않다. 도입 취지와 맞지 않게 반대 목소리가 높은 것은 사실이나, 이는 상당 부분 제도에 대한 오해와 기성세대의 관성에서 비롯된 경우가 많다. 어른들 입장에서는 일일이 과목을 챙겨야 하니 귀찮고 불편한 제도처럼 보일 수 있어도, 아이들 입장에서는 자신의 시간을 보다 효율적으로 쓸 수 있는 합리적인 제도다.

가장 흔한 반대 논리는 "인생을 수십 년 산 어른들도 자기 앞날을 몰라 방황하는데, 그 어린 고등학생들에게 평생 변하지 않을 꿈을 확정하라는 게 말이 되느냐"는 것이다. 일리 있는 지적처럼 들리지만, 사실 이는 고교

학점제의 의도를 가장 크게 오해한 대목이다. 고교학점제는 아이들에게 평생의 운명을 결정할 설계도를 가져오라고 요구하지 않는다. 이 제도의 진짜 취지는 대학 진학 후 "내 적성과 맞지 않는다"며 길을 잃는 학생들을 줄이는 데 있다.

최근의 대학입시는 수능에서 소위 '이과 수학'을 선택하지 않거나 사회탐구를 선택해도 이공계에 진학할 수 있는 문이 열려 있다. 이른바 '사탐런' 현상이 이를 증명한다. 그러나 정작 점수에 맞춰 대학에 들어간 아이들은 전공 수업의 기초가 되는 물리나 미적분 지식이 없어 강의실에서 길을 잃고 방황하게 된다. 대학 시절의 이러한 방황은 결국 휴학이나 자퇴로 이어지며 청년들의 사회 진입을 늦추는 큰 타격이 된다. 고교학점제는 이러한 사회적 비용을 줄이기 위해 대학 공부에 필요한 '선수 과목'을 최소한으로 준비하게 돕는 기초 공사와 같다.

결국 진로를 정한다는 것은 부모 세대의 '문·이과 나누기' 수준에서 과학 계열에 관한 고민만 조금 더 추가된 셈이다. 그럼에도 엄청난 선택을 해야 하는 것처럼 느끼는 것은 학부모가 다녔던 시대와 너무도 다르게 바뀐 교과서 이름들이 주는 '낯섦' 때문이다. 학부모들이 2년에 걸쳐 배웠던 수학1, 수학2는 이제 대수, 확률과 통계, 미적분I, 미적분II, 기하 등으로 학기별 교과서로 쪼개져 있다. 물리 과목 또한 물리학, 역학과 에너지, 전자기와 양자 등으로 낯선 이름으로 세분화되었다. 이처럼 이름만 복잡해졌을 뿐, 학습의 본질적인 위계는 변함이 없다.

개인적인 의견으로는 사실 복잡한 선택과목 없이 모든 학생이 통일된 과목을 배우는 방법도 나쁘지 않다고 생각한다. 하지만 문제는 '무엇을 가르치고 무엇을 뺄 것인가'에 대한 합의를 기성세대가 전혀 해주지 않고 있다는 점이다. 각 교과 이기주의와 복잡한 이해관계 속에서 공통으로 배울 과목 하나를 정하는 것조차 불가능에 가까운 것이 현실이다. 이런 상황에서 아이들에게 모든 과목을 강요하는 것은 결국 누구의 꿈도 제대로 지원하지 못하는 결과를 낳는다.

나의 학창 시절을 돌이켜봐도 당시의 '단순한 교육과정'은 사실 매우 강압적이었다. 이과반이라는 이유만으로 3학년 때 뒤늦게 요리사로 꿈을 정한 친구도 억지로 물리 수업을 들어야 했고, 체대로 진학하려는 친구도 이과 수학을 강제로 들어야만 했다. 자신과 상관없는 과목을 남의 대학 진학을 위해 들러리 서듯 함께 듣는 구조에서 아이들이 수업에 집중할 리가 없다. 결국 '잠자는 교실'을 만든 것은 아이들의 의지 부족이 아니라, 단순함을 명목으로 개성을 억눌렀던 교육과정의 한계였다. 고교학점제는 요리사가 꿈인 아이가 굳이 물리학 수업에 앉아 있지 않아도 되도록, 자기 삶에 필요한 수업을 선택할 권리를 주는 제도다.

물론 현장의 반대 이유가 전혀 근거 없는 것은 아니다. 특히 '최소 성취 수준 보장지도' 문제는 뼈아픈 지점이다. 초·중학교 때의 성취 수준을 맞추지 못한 채 올라온 학생들을 고등학교가 오롯이 책임져야 한다는 부담과 그로 인한 교사들의 업무 폭증은 충분히 이해할 수 있는 반내 사유다. 히지만 이러한 행정적 불편함을 넘어, 제도 전체에 대해 수많은 루머를 생성하며 반대하는 기성세대들을 보면 아쉬움이 남는다. 최소 성취수준 보장지도와 같은 기술적인 난제는 제도를 보완하며 풀어나갈 숙제이지, 제도 전체를 부정할 이유는 아니기 때문이다.

나는 아마도 우리나라에서 매년 가장 많은 학교를 방문하는 사람 중 하나일 것이다. 현장에서 만난 수많은 학교는 시범 기간 동안 착실히 준비하며 아이들에게 실질적인 도움이 되도록 고심하고 준비해왔다. 우리나라 교사들은 정말 우수한 집단이며, 인성적으로도 훌륭한 분들이 많다. 다만 열심히 사는 대다수의 교사는 대립하는 것을 좋아하지 않아 묵묵히 참는 편이다. 그러다 보니 교사 사회에서는 목소리를 크게 내는 소수의 의견이 마치 전체의 뜻인 양 비쳐지는 경우가 많다. 고교학점제에 대한 극심한 반대 여론 역시, 묵묵히 준비하는 다수보다 목소리 큰 일부의 목소리가 과대 표집 된 것은 아닌지 생각해 볼 필요가 있다. 아이들에게 좋은 방향임에도 '내가 불편하니까'라는 이유로 변화를 거부하는 것은 아닌지 돌아봐야 한다. 결국 우리 아이들의 미래가 달린 문제 아닌가.

다행히 최근 국가교육위원회는 현장의 목소리를 반영하여 이 기준을 대폭 완화하기로 의결했다. 2026학년도부터는 주로 2, 3학년이 듣는 '선택 과목'의 경우 학업성취율 기준을 제외하고 오직 출석률만 적용하기로 한 것이다. 성적이 낮더라도 출석만 성실히 하면 학점을 이수할 수 있게 되어, 교사의 지도 부담과 학생의 졸업 유예에 대한 우려를 동시에 줄이고자 했다. 역시 개선안에 대해서도 찬반이 많은 상황이다.

부모는 아이가 모든 것을 스스로 결정해야 한다는 압박감을 덜어주고, 실질적인 가이드라인을 제시해 주어야 한다. 최근 서울대와 경희대가 발표한 '2028학년도 전공 연계 권장과목'을 보면 대학이 요구하는 기준이 생각보다 명확하고 합리적임을 알 수 있다. 예를 들어, 인문사회계열로 진학하려는 아이들에게 대학은 복잡한 선택을 강요하지 않는다. 서울대는 제2외국어나 한문 중 한 과목 정도를 권장할 뿐이며, 경희대는 아예 권장과목을 두지 않아 학생의 자율적인 선택을 최대한 존중한다.

반면, 대학 수업을 따라가기 위한 '기초 체력'이 필수적인 자연·공학계열은 핵심 과목을 챙길 것을 권장한다. 서울대는 수학에서 기하와 미적분Ⅱ를, 과학에서는 일반 선택 과목인 물리, 화학, 생명과학, 지구과학 중 하나는 꼭 해당 전공 특성에 맞게 이수하도록 학과별로 지정하고 있으며, 과학의 진로 선택 과목 중에는 과목 지정 없이 3과목 이상을 이수하길 희망한다. 경희대 역시 학문 분야별로 물리학, 화학, 생명과학 등의 기초를 다질 것을 상식 수준에서 권하고 있다.

중요한 점은 이러한 최소한의 진로조차 정하지 못한 학생들을 위한 탈출구도 충분하다는 것이다. 최근 대학들은 입학 후 1년 동안 충분히 전공을 탐색할 기회를 주는 '자율전공(무전공)' 전형을 대폭 늘리고 있다. 서울대의 학부대학이나 경희대의 자율전공학부 등은 별도의 권장과목을 두지 않는 '열린 전공'으로 운영되므로, 고등학교 때 완벽한 결정을 내려야 한다는 강박을 가질 필요가 전혀 없다.

결국 고교학점제는 아이들을 힘들게 만드는 짐이 아니라, 대학 입학 후 겪을 시행착오를 고등학교 시절로 앞당겨 미리 예방하는 예방주사와 같다. 어른들의 눈에 비친 복잡한 과목 이름이나 행정적 번거로움, 그리고 기성세대의 합의되지 않은 고집에 매몰되기보다, 아이가 가고자 하는 계열의 기초를 차근차근 다질 수 있도록 돕는 것이 우리가 보여줘야 할 진정한 책임감일 것이다.

일반고 vs 특목고,
우리 아이에게 맞는
'전략적 고교'는 따로 있다

2025년 고교학점제의 전면 시행과 내신 5등급제로의 전환은 대한민국 입시 지형을 근본적으로 뒤흔들고 있다. 과거의 입시가 정해진 교육과정 안에서 누가 더 적게 실수하느냐를 겨루는 게임이었다면, 이제는 학생이 스스로 과목을 설계하고 자신의 역량을 증명해야 하는 '전략의 시대'로 진입한 것이다. 이러한 변화는 고교 선택의 풍경마저 바꾸어 놓았다. 최근 교육열이 가장 높다는 강남의 유명 자사고조차 정원 미달 사태를 겪는 현상이 나타나고 있는데, 이는 내신 경쟁이 치열한 학교에서 들러리가 되기보다 전략적으로 유리한 고등학교를 찾으려는 학부모와 학생들의 기민한 움직임을 보여주는 단면이다. 이제 '어떤 환경에서 고등학교 3년을 보낼 것인가'라는 질문은 대입의 성패를 가르는 가장 뜨거운 화두가 되었다.

고등학교 선택을 앞둔 학부모와 학생들에게 가장 실질적인 질문은 결국 '우리 학교에서 몇 명이나 명문대에 가는가'로 귀결된다. 대학 알리미의 자료를 활용하여 2025년 대입 합격생을 고교 유형별로 분석해 보면, 서울대와 연세대, 고려대 진학 양상은 단순히 운이나 개인의 노력만을 탓하기엔 그 격차가 매우 뚜렷하다. 특히 단순히 합격자 총수가 아니라 각 학교 유형별 평균치를 들여다보면 고교 선택이 대입의 출발선임을 실감하게 된다.

2025학년도 주요 대학 고등학교 유형별 1개 학교당 평균 합격자 수 (단위: 명)

단위(명)	일반 1,642개교	자공 57개교	자사 34개교	과학 20개교	영재 8개교	외고/국제 36개교	예술/체육 43개교	특성화 487개교
서울대	1.2	1.1	14.5	7.5	50.5	9.1	4.3	0.0
연세대	1.6	1.2	14.4	3.2	12.5	9.3	2.0	0.1
고려대	2.0	1.6	19.0	4.5	5.4	9.6	0.4	0.1
서강대	0.7	0.5	8.6	1.5	2.6	7.2	0.0	0.0
성균관대	1.6	1.7	15.8	9.5	4.4	8.9	1.7	0.3
한양대	1.2	0.9	14.8	2.4	5.4	6.8	3.0	0.4
이화여대	1.5	0.9	5.0	0.4	0.8	7.4	7.6	0.1
중앙대	1.6	1.5	10.2	3.0	2.4	7.2	0.3	0.6
경희대	2.4	1.9	10.4	1.2	2.0	8.9	4.8	0.8
외대	1.7	1.1	6.1	0.2	0.1	13.9	0.1	0.1
시립대	0.9	0.8	3.5	1.0	0.3	2.9	0.7	0.1
건국대	1.6	1.0	7.9	0.6	1.0	3.0	1.0	0.3
동국대	1.5	1.3	4.8	0.2	0.1	3.1	1.9	0.3
홍익대	1.2	0.7	5.1	0.3	0.0	2.0	4.0	0.5
숙명여대	1.1	0.7	4.6	0.2	0.0	4.4	2.4	0.3

위 표에 따르면 전국 1,600여 개의 일반고에서 학교당 서울대 합격생은 평균 1.2명에 불과하며, 연세대, 고려대를 합쳐도 전교 5등 안에 들어야 비로소 SKY대학 진학을 가늠해 볼 수 있는 수준이다. 물론 평균이 그렇다는 이야기다. 이보다 더 많이 간다면 그 일반고는 평균 이상의 진학 결과를 보

여주는 것이고, 그것보다 적다면 평균 이하의 진학 결과를 보여주고 있는 상황이다. 다만 1개교당 평균이므로 학교의 학생 수에 따라 큰 학교인지, 작은 학교인지는 별도로 고려하여 생각해야 한다. 아무튼 자율형사립고는 학교당 서울대 합격생이 약 14.5명으로 늘어나 전교 50등까지는 SKY대학 합격권에 들며, 영재학교의 경우 한 학교당 서울대만 약 50.5명이 진학하여 KAIST에 진학하는 인원까지 합친다면 고등학교 입학 시점에 이미 정원의 상당수가 최상위 명문대 진학을 확정 짓는 구조를 보여준다.

더욱 주목해야 할 지점은 학교 유형에 따라 명문대에 합격하는 '방식'의 차이다. 아래의 데이터는 각 학교 유형별 상위권 대학 합격자 중 정시 전형이 차지하는 비중을 보여준다. 정시합격자 비중이 50% 이상인 경우 색을 칠해 구분했다.

▨ 2025학년도 주요 대학 합격자 중 정시합격자 비중

	일반	자공	자사	과학	영재	외고국제	예술체육	특성화
서울대	48.1%	25.8%	56.5%	16.7%	12.1%	21.8%	49.2%	70.0%
연세대	44.3%	46.5%	66.4%	11.1%	16.0%	32.5%	4.6%	73.5%
고려대	59.3%	47.8%	43.0%	8.9%	14.0%	7.8%	26.3%	71.1%
서강대	49.8%	60.0%	38.8%	0.0%	9.5%	5.8%	50.0%	45.8%
성균관대	48.7%	46.3%	43.7%	3.2%	8.6%	14.3%	33.8%	0.6%
한양대	49.5%	57.7%	38.0%	27.7%	9.3%	8.2%	0.8%	21.1%
이화여대	34.0%	57.7%	74.0%	87.5%	66.7%	9.8%	34.5%	89.7%
중앙대	44.7%	48.3%	61.8%	8.5%	26.3%	23.2%	30.8%	11.3%
경희대	41.7%	51.4%	72.3%	37.5%	12.5%	28.5%	1.0%	18.9%
외대	42.1%	62.3%	74.3%	100.0%	100.0%	27.3%	100.0%	17.2%
시립대	38.5%	42.2%	74.8%	20.0%	100.0%	10.5%	0.0%	74.4%
건국대	40.7%	43.6%	60.7%	45.5%	12.5%	15.0%	81.0%	3.6%
동국대	42.0%	47.9%	80.2%	100.0%	0.0%	31.3%	7.5%	7.9%
홍익대	37.6%	51.3%	75.7%	50.0%	0.0%	47.9%	18.0%	7.9%
숙명여대	46.4%	57.9%	55.1%	66.7%	0.0%	35.6%	1.9%	0.0%

표에서 먼저 외고와 국제고를 살펴보면, 상위권 대학 합격자 중 정시 전형이 차지하는 비중이 타 학교 유형에 비해 상대적으로 낮게 나타난다. 이는 역설적으로 이들 학교가 수시 전형에서 압도적인 강점을 보이며, 학교 교육과정 내 활동만으로도 대입을 성공적으로 해결하는 비율이 높음을 시사한다. 반면 자사고는 서울대 합격자의 56.5%, 연세대 합격자의 66.4%가 수능을 통해 진학하고 있다. 이는 자사고의 내신 경쟁이 워낙 치열하여 상위권 대학 진학에 필요한 내신 등급을 확보하기가 매우 어렵기 때문에, 많은 학생이 수능을 통해 대입 돌파구를 찾는 패턴이 뚜렷함을 보여준다. 정시 비중이 높은 것으로 보아 재수비율이 상당히 높을 것으로 추정된다. 일반고 역시 수시가 주요 전형이긴 하지만 정시 비중도 외고/국제고에 비해서는 상당히 높은 수준이라서, 내신이 뒷받침되지 않을 경우 결국 수능 경쟁력이 상위권 대학 진학의 결정적 변수가 됨을 알 수 있다. 이처럼 정시 의존도의 차이는 고교 선택이 단순한 선호의 문제가 아니라 '우리 아이가 학생부 위주의 수시 전형에 최적화되어 있는가, 아니면 수능이라는 정량 평가에 더 강점이 있는가'를 결정하는 전략의 문제임을 보여준다.

앞서 살펴본 통계가 고교 선택을 위한 거시적인 분석이라면, 이제는 시각을 돌려 미시적인 관점에서 '우리 아이에게 정말 잘 맞는 학교인가'를 따져볼 차례다. 제아무리 명문대 진학률이 높은 학교라도 아이라는 '소프트웨어'가 그 학교라는 '하드웨어'에 들어가서 충돌 없이 작동할 수 없다면 그 숫자는 남의 잔치일 뿐이다. 내 아이에게 최적화된 학교를 판가름하기 위해 반드시 확인해야 할 4가지 기준을 정리해보았다.

첫째, 통학 수단과 거리는 학습 에너지를 결정하는 물리적 기초 변수다. 아무리 교육과정이 훌륭한 학교라도 왕복 2시간이 넘는 거리를 매일 오가야 한다면, 아이의 에너지는 공부가 아닌 길 위에서 소모된다. 기숙사 학교를 고려한다면 아이가 단체 생활의 규칙을 견딜 수 있는 성향인지 냉정하게 확인해야 한다. 통학의 피로도는 학년이 올라갈수록 기하급수적으로 쌓이므로, 이를 단순히 의지의 영역으로 치부해서는 안 된다.

둘째, 아이의 성격과 회복 탄력성은 내신 경쟁이 치열한 학교에서 버티는 맷집이다. 고등학교는 중학교 때까지 경험해 보지 못한 등급의 하락을 처음으로 마주하는 곳이다. 내신 경쟁이 치열한 학교에 진학했을 때, 예상보다 낮은 성적표를 보고도 "부족한 부분을 채우면 된다"며 툭툭 털어버릴 수 있는 기질이 필수적이다. 완벽주의 성향이 강하거나 타인과의 비교에서 쉽게 자존감이 무너지는 아이라면, 차라리 인근 일반고에서 상위권을 유지하며 심리적 안정감을 확보하는 것이 대입이라는 장기전에서 훨씬 유리하다.

셋째, 선행학습의 정도는 입학 직후의 적응력을 좌우하는 실질적 지표다. 내신 경쟁이 치열한 학교들은 일반고보다 교육과정의 속도가 현저히 빠르고 심화 내용의 비중이 높다. 중3 겨울방학까지 해당 학교의 진도를 따라갈 수준의 학습이 준비되지 않았다면, 입학하자마자 수업에서 소외될 위험이 크다. 선행학습은 그 학교의 '수업 속도'를 견뎌낼 수 있는 최소한의 장치임을 잊지 말아야 한다. 그럼에도 불구하고 선행학습이 되어있지 않아도 문제없다. 그럴 때 택하는 게 일반고다. 천천히 학교의 진도를 따라갈 수 있는 성실성이 있다면 일반고가 나은 선택이 될 수 있다.

넷째, 진로 목표에 따른 전형의 유리함을 전략적으로 따져야 한다. 대입 전형은 학교 유형에 따라 그 '궁합'이 완전히 다르기 때문이다. 목표가 의학 계열이라면 소수점 단위의 압도적인 내신을 확보하는 것이 최우선이기에 상대적으로 등급 따기가 용이한 일반고가 정석이다. 반면, 영재학교나 과학고는 설립 취지에 따라 의학 계열 진학 시 강력한 제재 정책을 시행하고 있어 의대 지망생에게는 매우 불리한 선택지가 된다.

문과 성향이 뚜렷한 인문사회계열 지망생이면서 선행학습이 어느 정도

되어있다면 일반고보다는 전문성이 담긴 학생부 기록을 높게 평가받을 수 있는 외고나 국제고가 수시 전형에서 훨씬 넓은 문을 열어준다. 이공계 특성화 대학이 목표인 학생에게는 영재학교와 과학고가 독보적인 지름길이 되듯, 아이가 가고자 하는 대학의 전형 스타일에 따라 가장 효율적으로 승리할 수 있는 학교를 고르는 게 좋다.

결국 최고의 선택은 남들이 부러워하는 학교가 아니라, 아이의 통학 편의, 성격적 궁합, 학습 준비도, 진로의 방향이 교집합을 이루는 지점에 있다. 부모의 욕심으로 아이를 맞지 않는 틀에 끼워 넣는 순간, 입시는 전략이 아닌 고통이 된다. 아이의 현재 상태를 있는 그대로 인정하고 이 네 가지 필터를 통과한 학교를 고를 때, 비로소 아이는 자신의 잠재력을 온전히 발휘할 수 있는 만족스러운 고등학교생활을 하게 된다. 아, 이도 저도 잘 모르겠을 때는 집에서 제일 가까운 고등학교가 최고다.

"남녀공학 가면 내신 깔아준다?"
아들과 딸에 대한 치명적 오해

대학수학능력시험을 출제하는 한국교육과정평가원은 매년 수능이 끝나고 대입 전형이 마무리되면 그해 수능 결과에 대한 방대한 분석 보고서를 발표한다. 성별, 학교 유형별, 지역별 성적 차이는 물론 학생들의 학습 배경까지 분석한 이 보고서는 사실 중학생 자녀를 둔 학부모에게 고등학교 선택의 이정표가 될 수 있는 보물 같은 자료다.

그러나 안타깝게도 이 보고서의 존재 자체를 모르는 학부모가 태반이다. 대한민국은 공공 데이터의 접근성이 세계 최고 수준인 나라다. 클릭 몇 번이면 국가가 공인한 정교한 통계 자료를 누구나 손에 넣을 수 있는 전자정부 시스템이 갖춰져 있다. 그럼에도 불구하고 정보에 접근하는 '습관'의 차이가 결국 정보의 양극화를 만들고, 그것이 곧 자녀 교육의 격차로 이어진다. 결국 아는 만큼 보이고, 찾는 만큼 기회를 얻는 법이다.

아들을 둔 부모들이 고등학교 선택 시 가장 두려워하는 것은 '공학에 가면 여학생들 내신 깔아주다 끝난다'는 시나리오다. 꼼꼼한 여학생들 틈에서 아들이 살아남기 힘들다는 이 논리는 이미 대한민국 학부모들 사이에서 정설처럼 굳어졌다. 하지만 이는 실질적인 통계에 근거했다기보다, '여학생은 성실하고 남학생은 덜렁댄다'는 성 역할에 대한 고정관념이 투영된 관념적 결론에 가깝다. 데이터의 실체를 확인하기도 전에 대중적인 공포심이 논리를 앞지른 셈이다. 사실은 다를 수 있다. 아들이 공학에 가면 무조건 손해를 본다는 생각에 대한 과학적 근거는 희박하다. 학습 성향과 과목별 강점에 따라 남녀공학이라는 환경이 상위권 도약을 위한 전략적 요충지가 될 수도 있다. 이러한 관념적 불안에서 벗어나기 위해, 한국교육과정평가원의 분석 자료를 통해 실질적인 성별 경쟁력을 확인해 볼 필요가 있다. 다음 표는 최근 3개년 수능에서 나타난 영역별 1등급과 2등급 성별 비율을 정리한 결과다.

▨ 대학수학능력시험 3개년간 과목별 1, 2등급 비율

영역	성별	2023학년도		2024학년도		2025학년도	
		1등급(%)	2등급(%)	1등급(%)	2등급(%)	1등급(%)	2등급(%)
국어	남	4.8	6.9	4.2	7.4	4.3	7.1
	여	4.1	7.1	3.9	7.4	4.4	7
	전체	4.5	7	4.1	7.4	4.4	7.1
수학	남	7.5	9.8	6	9.8	5.9	9.4
	여	2.8	5.8	2.3	5.5	2.2	5.3
	전체	5.3	7.9	4.2	7.7	4.1	7.4
영어	남	7.5	18.3	4.7	17.9	6.1	16.1
	여	8.2	19.1	4.8	18.5	6.3	16.6
	전체	7.8	18.7	4.7	18.2	6.2	16.3

표를 보면 아들을 둔 부모들의 공포가 실제 데이터와 얼마나 동떨어져 있는지 바로 확인된다. 핵심은 수학이다. 2025학년도 수능에서 수학 1등급을 받은 남학생 비율은 5.9%인 반면, 여학생은 2.2%에 불과하다. 물론 남녀 응시자 수의 차이를 고려해야 하겠으나, 이를 감안하더라도 실제 1등급을 획득한 인원수에서 남학생은 여학생을 압도한다. 전체 응시자 중 남학생 비율이 약간 높다는 점을 반영해 계산해 보아도, 수학 1등급 구간에 진입한 남학생의 절대 인원수는 여학생보다 2.5배 이상 많다는 결론에 도달한다. 2등급까지 범위를 넓혀도 남학생(9.4%)이 여학생(5.3%)을 수치상으로 크게 앞선다. 이는 상위권 변별력의 핵심인 수학에서만큼은 남학생들이 실질적인 우위를 점하고 있음을 의미한다.

수능과 학교 내신은 평가 범위와 문항 성격이 다르기에 이 통계를 내신에 곧바로 대입하는 것은 조심스러울 수 있다. 내신은 지엽적인 개념 암기나 서술형 문항 대응력 등 수능과는 또 다른 차원의 섬세함을 요구하기 때문이다. 하지만 수능 등급 비율은 해당 성별 집단이 특정 과목에 대해 보유한 근본적인 학습 역량과 사고력을 보여주는 가장 객관적인 지표일 수 있다. 결국 내신 역시 고난도 문항을 통해 상위권 변별력을 확보한다는 점을 고려하면, 수능 통계에서 드러난 수학적 우위는 내신 전쟁에서도 남학생들에게 가장 강력한 무기가 될 수밖에 없다.

이러한 논리적 근거를 바탕으로 실제 내신 경쟁의 양상을 시뮬레이션해 보면 상황은 더욱 흥미로워진다. 남녀공학에 진학한 아들은 수학이라는 강력한 무기를 바탕으로 전교 상위권 등급을 선점할 확률이 통계적으로 매우 높다. 반면 여학생들이 압도적 강세를 보인다고 믿었던 국어나 영어는 어떠한가. 1등급 비율 차이가 1%p 내외로 사실상 유의미한 격차가 존재하지 않는다. 즉, 아들은 수학에서 압도적인 격차로 점수를 벌어놓고, 국어와 영어에서는 여학생들과 대등하게 버티며 합산 등급을 관리하는 전략적 구조를 만들 수 있다.

결국 고등학교 선택의 핵심은 '어디가 무조건 좋다'는 식의 이분법이 아니다. 내 자녀의 성향과 과목별 강점이라는 퍼즐 조각을 입시 데이터라는 냉정한 판 위에 어떻게 최적화하여 맞추느냐의 게임이다. 이 퍼즐을 잘 맞추기 위해서는 우리 아이의 강점이 어느 환경에서 가장 빛날지를 시뮬레이션해 보아야 한다.

예를 들어, 딸이 매우 성실하나 수학이 다소 약점이라면 남녀공학보다는 여고가 훨씬 유리한 선택지가 될 수 있다. 공학에서는 수학 상위 등급을 무섭게 독식하는 남학생들 때문에 수학 내신이 속절없이 밀릴 위험이 크지만, 여고에서는 상황이 다르다. 비슷한 조건과 성향을 가진 여학생들끼리 경쟁하기 때문에, 특유의 성실함만 뒷받침된다면 수학에서도 치명적인 등급 하락을 막고 일정 수준 이상의 '방어'가 가능하기 때문이다.

반대로 아들이 성실한 편임에도 수학 성적이 기대만큼 최상위권으로 치고 나가지 못한다면, 남고보다는 오히려 남녀공학에서 '반전의 기회'를 노리는 것이 전략적이다. 남고는 수학에 노가 든 남학생들이 워낙 촘촘하게 몰려 있어, 웬만한 성실함만으로는 상위권의 벽을 뚫기가 난공불락에 가깝다. 하지만 공학으로 무대를 옮기면 상황이 달라진다. 수학 상위권의 밀도가 남고에 비해 상대적으로 낮아지기 때문에, 탄탄한 중상위권 실력만 갖추고 있어도 등급의 상단부로 진입할 수 있는 심리적·통계적 여유 공간이 훨씬 넓어지기 때문이다.

즉, 수능 데이터에서 증명된 남학생 특유의 수학적 우위를 적극 활용한다면, 남고에서의 치열한 '집안싸움'을 피하고 공학이라는 환경에서 더욱 효율적으로 내신 등급을 확보하는 영리한 선택이 가능하다. 물론 여기에는 아들을 둔 부모들의 영원한 숙제가 전제되어야 한다. 남녀공학에 보낸 아들이 공부 대신 연애에 빠져 버린다면, 지금까지의 모든 전략적 계산은 무용지물이 되고 만다. 결국 환경은 거들 뿐이다. 그 환경을 기회로 만드는 힘은 내 자녀의 성향을 얼마나 정확하고 과학적으로 파악하고 있느냐에서 시작된다. 막연한 공포나 관념에 휘둘리기보다 아이의 성적표와 기질을 입체적으로 분석하는 부모의 혜안이 입시의 승패를 가르는 법이다.

수학에서 나타나는 이러한 성별 격차는 비단 우리나라만의 고민은 아니다. 호주 멜버른 대학교 응용경제사회 연구소^{Melbourne Institute}의 보고서에 따르면, 남녀 학생의 수학 성적 격차는 시험 내 '객관식 문항'의 비율이 높을수록 커지는 경향을 보인다. 통계적으로 객관식 비율이 30%일 때보다 50%, 70%로 높아질수록 남학생과 여학생의 점수 차가 뚜렷하게 벌어지는 양상이 확인되었다. 이는 제한된 시간 내에 빠르고 과감하게 답을 골라내야 하는 객관식 위주의 평가 방식이, 신중하고 꼼꼼하게 검토하는 성향이 강한 여학생들에게 상대적으로 불리하게 작용하고 있음을 시사한다.

여기에 기성세대가 구축해 놓은 사회적 고정관념도 한몫을 한다. 여전히 우리 사회에는 '딸이라면 교대나 사대, 혹은 어문계열이 안정적이다'라며 특정 진로를 권하는 분위기가 남아 있다. 실제 많은 여고에서 이공계보다 인문사회계열의 비중이 높은 것은 여학생들이 수학이라는 높은 벽을 굳이 넘지 않아도 될 '환경적 명분' 속에 놓여 있음을 보여준다. 이러한 사회적 배경과 평가 방식의 특성이 결합되어 입시 통계상의 격차로 고착화되는 것이다.

결국 데이터 이면에는 이러한 속사정들이 복잡하게 얽혀 있다. '남자니까 수학에 강하다'거나 '여자니까 내신에 유리하다'는 식의 막연한 통념에 내 아이의 미래를 맡길 수는 없다. 남들이 하는 '카더라' 통신에 휘둘리지 말고, 객관적인 통계 수치부터 차근차근 들여다보아야 한다. 내 아이의 성향과 실력이 이 숫자들과 만났을 때 어떤 환경에서 가장 건강하게 발휘될 수 있을지 고민하는 과정이 반드시 필요하다.

진로 선택은 부모가 아이의 앞날을 완벽히 설계해야 하는 무거운 짐이 아니라, 객관적인 지표를 나침반 삼아 아이와 함께 더 나은 길을 찾아가는 '동행'의 과정이어야 한다. 부모가 모든 정답을 가질 수는 없지만, 국가 통계라는 공신력 있는 자료를 징검다리 삼아 한 걸음씩 내딛다 보면 막연한 불안감은 확신으로 바뀐다. 내 아이의 고유한 특성을 있는 그대로 긍정하며 가장 잘 어울리는 환경을 함께 고민해 주는 그 세심한 관심이야말로, 부모가 자녀에게 줄 수 있는 가장 든든한 이정표가 될 것이다.

서울대 수시는 고3이 아니라 '중3 고교 선택'에서 결정된다

대입에서 수시전형이 주류로 자리 잡은 이후, 점수 하나로 당락을 가르는 '커트라인'이라는 개념은 과거에 비해 그 경계가 다소 모호해진 것이 사실이지만, 입시 현장에서는 여전히 무시할 수 없는 암묵적인 합격선이 존재하고 있다. 현재의 대학 서열 구조를 살펴보면, 과거 서울대학교가 독보적인 정점을 차지했던 시절과는 확연히 다른 양상을 보인다. 소위 '의치한약수'로 불리는 메디컬 계열의 강세로 인해, 전국 40개 의대 중 의예과로 선발하는 39개 의과대학의 합격선이 서울대학교 자연계열 상위 학과보다 높게 형성되는 기현상이 생겼다. 그럼에도 불구하고 서울대학교가 갖는 상징성은 여전하다. 학문적 깊이를 추구하거나 인문, 사회, 공학 등 각 분야에서 국가적 리더를 꿈꾸는 대다수의 학생과 학부모에게 서울대학교는 여전히 범접할 수 없는 최고 선호 대학의 지위를 유지하고 있다. 이러한 위상 때문에 특정 고등학교의 경쟁력을 평가할 때 '서울대 합격자 수'는 여전히 가장 객관적이고 강력한 척도로 활용된다.

서울대학교는 입시 정보공개 측면에서 수험생들에게 상당히 우호적인 태도를 취하는 대학이다. 대입 전형의 변화나 결과 통계 등 수험생이 민감하게 반응할 만한 자료들을 선제적이고 투명하게 공개하기 때문이다. 대표적인 사례로 내신 5등급 체제와 수능 과목 구조가 대대적으로 개편되는 2028학년도 대입 개편안을 들 수 있다. 해당 개편안에 따른 구체적인 시행 계획은 법적으로 2026년 4월 말까지만 공표하면 충분하지만, 서울대학교는 이보다 훨씬 앞선 2025년 9월에 예고 안을 발표하였다.

이러한 신속한 행보는 입시제도의 급격한 변화 속에서 극심한 혼란과 불안을 겪던 학부모와 교육 현장에 명확한 가이드라인을 제시했다는 점에서 매우 긍정적인 평가를 받았다. 그러나 이처럼 정책적인 가이드라인을 조기에 발표해 주는 친절함과는 별개로, 실제 매년 발표되는 합격자 데이터 속에 내포된 현실은 수험생 가족들이 마수하기에 결코 녹록지 않다. 서울대학교가 지향하는 선발 원칙이 고교 교육과정의 내실화라는 명분을 강조하면서도, 실제 결과에서는 학생의 학업 역량과 고교 환경에 대한 매우 엄격한 잣대를 유지하고 있다는 사실이 숫자로 증명되기 때문이다.

다음은 서울대학교가 2026학년도 대학입시 수시 최초합격자를 고교 유형별로 분석하여 공개한 기초 통계 자료이다.

구분	일반고	자공고	자사고	과학고	영재고	외국어고	국제고	예술/체육고	특성화고	검정고시	기타(외국고 등)	합계(명)
지역균형	475	16	17	-	-	-	-	-	-	-	-	508
	93.5%	3.1%	3.3%									
일반전형	430	16	192	111	429	180	62	87	-	10	1	1,518
	28.3%	1.1%	12.6%	7.3%	28.3%	11.9%	4.1%	5.7%		0.7%	0.1%	
기회균형(사회통합)	153	7	8	-	-	-	3	3	4	-	-	178
	86.0%	3.9%	4.5%				1.7%	1.7%	2.2%			
계	1,058	39	217	111	429	180	65	90	4	10	1	2,204
	48.0%	1.8%	9.8%	5.0%	19.5%	8.2%	2.9%	4.1%	0.2%	0.5%	0.0%	

입시에 익숙하지 않은 이들이 고교 유형별 합격 통계를 처음 접하면, 서울대학교가 여러 유형의 학교에서 학생들을 매우 다양하고 골고루 선발했다는 인상을 받기 쉽다. 통계상으로는 대다수의 고등학교인 일반고 출신이 50%를 차지하고, 특목고들 역시 각 유형별로 20%를 넘지 않는 선에서 적절하게 배합된 것처럼 보이기 때문이다. 하지만 데이터를 전형별로 세분화하여 분석해 보면, 수치 뒤에 숨겨진 서울대학교만의 확고한 학생 선발 기준이 선명하게 드러난다.

먼저 지역균형전형과 기회균형전형은 사실상 '일반고 학생들'을 위해 설계된 전형이다. 학교당 2명씩 추천권을 가졌던 지역균형전형은 2028학년도부터 학교당 3명으로 추천 인원을 확대하는 동시에, 기존에 소수지만 합격이 가능했던 자사고 학생들의 지원을 원천 봉쇄하기로 결정되었다. 또한, 교육 여건이 상대적으로 열악한 농어촌 지역 일반고의 경우, 지역균형전형조차 경쟁력을 갖추기 쉽지 않은 경우가 많다. 따라서 이들 지역의 학생들은 대부분 농어촌 특별전형이 포함된 기회균형전형을 전략적으로 활용하여 합격한다. 결국 도시 지역 일반고는 지역균형을, 농어촌 지역 일반고는 기회균형을 통해 각 학교의 최상위권 학생들을 서울대학교로 보내는 것이 현재 일반고 입시의 전형적인 풍경이다.

문제는 이러한 '할당 성격'의 전형이 끝나고 난 뒤의 일반전형이다. 일반전형 합격자 명단에 포함된 일반고들은 우리가 흔히 생각하는 평범한 동네 고등학교와는 결을 달리한다. 여기에는 학교 분류 체계의 맹점이 숨어 있다. 전국 단위로 학생을 선발하며 웬만한 특목고 이상의 입시 실적을 내는 공주사대부고나 한민고 같은 학교들도 법령상으로는 모두 '일반고'로 분류되기 때문이다. 소위 '비평준화 명문고'나 교육 특구의 주요 학군지 일반고들이 일반전형 합격자의 상당수를 차지하고 있다. 명칭은 '일반'이지만, 교육과정이나 학생들의 학업 수준은 결코 일반적이지 않은 고등학교들이 일반고 통계의 상당 부분을 지탱하고 있는 셈이다.

일반전형에서 자사고와 특목고의 입시 결과를 들여다보면 그 수치는 더욱 놀랍다. 최종 합격 인원만 놓고 보면 분산된 깃 같이 보이지만, 실제 서울대학교 일반전형의 합격 비중은 서울대가 선호하는 역량을 증명해낼 수 있는 특정 학교군에 대단히 편향되어 있다. 자사고의 경우 전국에 30여 개가 넘게 존재하며, 그중에서도 대학 수준의 고급 수학이나 과학 전문 교과를 개설하여 운영하는 외대부고, 하나고, 민사고 출신들이 합격생의 많은 부분을 차지하고 있다. 또한 자사고는 특정 계열에 특화된 특목고와 달리 인문, 자연, 예체능 등 전 계열의 학생이 함께 재학하고 있어, 모든 계열에서 합격자가 고루 배출되는 구조적 특징을 갖는다. 즉, 전체 합격자라는 '덩어리'는 커 보일 수밖에 없으나, 이를 계열별로 쪼개어 영재학교나 외고 같은 전문 특목고의 '밀도'와 비교하면 양상은 달라진다. 실제 데이터상으로도 자사고의 계열별 점유율은 특정 분야에 특화된 학업 역량을 쏟아붓는 영재학교나 과학고, 혹은 외고와 국제고가 보여주는 압도적인 합격 비중에는 미치지 못하기 때문이다. 결과적으로 자사고는 합격생의 스펙트럼이 넓어 전체 인원이 많아 보일 뿐, 계열별 집중도나 합격의 밀도 측면에서는 분야별 특목고들이 더 강력한 우위를 점하고 있다.

외고와 국제고 학생들은 일반전형을 통한 이공계 진학이 사실상 불가하며, 과학고와 영재학교 학생들 역시 인문사회계열로의 지원이 현실적으로 어렵다. 여기에 과고·영재학교 학생들의 의약학계열 지원까지 엄격히 제한되면서, 이들 특목고는 자사고나 일반고에 비해 지원 가능한 학과가 특정 계열로 극히 한정될 수밖에 없는 구조적 특징을 갖는다.

따라서 단순히 전체 합격자 숫자만 볼 것이 아니라, 지원하는 학생 입장에서 실제 합격 가능성을 가늠하려면 반드시 '계열별'로 나누어 생각해야 한다. 2026학년도 서울대학교 수시 일반전형에서 자연계열 학과와 자유전공학부의 총모집 인원은 954명인데 의약계열인원을 제외하면 850명이었다. 그런데 이 중 영재학교와 과학고 합격자 수가 무려 540명에 달한다. 이공계열 일반전형 합격자 10명 중 6명 이상(63.5%)이 이들 두 유형의 학교 출신인 셈이다. 인문계열 역시 상황은 비슷하다. 일반전형 인문계열 모집 인원 452명 중 외고와 국제고 합격자가 242명으로 전체의 과반인 53.5%를 차지한다.

특히 전국에 단 8개교뿐인 영재학교에서만 429명의 합격자를 배출했다는 사실은 시사하는 바가 크다. 산술적으로 학교당 평균 54명꼴인데, 영재학교의 한 학년 정원이 보통 100명 안팎임을 고려하면 놀라운 수치다. 이는 서울대학교가 영재학교의 전문적인 교육과정과 학생들의 학업 수행 역량을 얼마나 신뢰하고 높게 판단하는지를 여실히 보여주는 대목이다. 결과적으로 앞서 언급한 극소수의 상위권 자사고와 교육 특구의 명문 일반고 합격자까지 합산한다면, 서울대학교의 '일반전형'은 대다수 평범한 학생들에게는 전혀 일반적이지 않다.

여기서 한 가지 오해가 없어야 할 대목이 있다. 서울대학교가 고등학교 입학 단계에서의 이른바 '선발 효과'를 신뢰하고 이를 입시에 반영하는 것 자체를 단순히 잘못된 편향이라고 지적하려는 것이 아니다. 대학의 본질적인 목적 중 하나는 학업 역량이 검증된 우수한 인재를 선점하는 것이며, 영재학교의 60등 학생이 대도시 일반고의 전교 3등보다 대학에서의 수학 능력이 더 뛰어날 수 있다는 서울대학교 나름의 내부적 판단 기준은 그들만의 고유한 권한일 수 있다. 문제는 이러한 선발 기준과 대외적인 홍보 수사가 심각하게 괴리되어 있다는 점에 있다.

서울대학교는 입학 소개 자료마다 "학생이 본인의 진학 목표에 따라 소수 선택 과목이나 심화 과목을 이수하는 노력을 보일 때, 그 도전 정신을 긍정적으로 평가한다"는 설명을 빠뜨리지 않는다. 이는 자신의 진로를 위해 내신 등급의 불리함을 무릅쓰고 어려운 과목에 과감히 도전하는 것이 진정한 공부라는 뉘앙스를 풍긴다.

하지만 실제 데이터가 승명하는 현실은 냉혹하다. 서울대학교는 겉으로 학생 개인의 역량을 평가한다고 강조하지만, 실질적으로는 그 학생이 소속된 '고교 교육과정'의 깊이와 수준을 선별의 가장 강력한 잣대로 활용하고 있는 것으로 보인다. 이러한 구조하에서 서울대학교가 권장하는 '심화 과목 도전'은 이미 전문 교과가 체계적으로 개설된 특목고와 자사고 학생들에게는 자신의 우수성을 증명할 당연한 기회가 된다. 반면, 서울대가 좋아하는 수준 높은 심화 과정이 제대로 갖춰지지 않은 평범한 일반고 학생들에게 이러한 '도전'은 사실상 성립하기 어려운 전제다. 결과적으로 서울대학교가 일반고 학생들에게 던지는 진정한 메시지는 명확하다. 학교 환경이 뒷받침되지 않는 곳에서 무리하게 심화 과목을 찾아 헤매기보다, 압도적인 내신 성적으로 전교 1, 2등을 차지하여 '지역균형전형'이라는 안전한 통로로 입성하라는 것이다. 즉, 일반고 학생들에게 서울대 입시는 학생부종합전형의 화려한 미사여구보다는 '전교 1등'이라는 숫자부터 확보해야 시작되는 지극히 보수적인 게임이다.

전국의 수많은 학교를 다니며 학생들을 직접 만나는 나로서는, 서울대학교의 조언을 굳게 믿고 학생부종합전형을 위해 진심을 다해 학생부를 채우는 일반고 학생들을 볼 때마다 안타까움이 앞선다. 만약 일반고 학생이 서울대학교 입학을 인생의 절대적인 목표로 삼고 있다면, 차라리 고교 내내 합격 가능성이 불투명한 수시 전형의 불확실성을 감내하기보다 소위 '정시 파이터'가 되어 수능 준비에 모든 에너지를 쏟는 것이 확률적으로 훨씬 더 높다고 말해주고 싶은 것이 솔직한 심정이다. 대학이 표방하는 이상적인 인재상과 실제 선발되는 합격자의 데이터 사이에는 여전히 극복하기 어려운 괴리가 있기 때문이다.

더욱이 서울대학교가 영재학교 출신 인원을 대거 선발하는 행보는 또 하나의 국가 인력 양성 체계인 '과학고/영재학교와 과학기술특성화 대학 연계'의 근간을 뒤흔들고 있다. KAIST를 비롯한 과학기술특성화 대학들은 국가의 요구에 따라 모두 지방에 위치하고 있다. 한국 사회에서 지방 소재라는 큰 핸디캡을 지닌 채 우수 인재를 안정적으로 확보해야 하는 어려움이 있다. 그 인재 공급의 역할을 과학고와 영재학교가 어느 정도 감당하고 있는 것이 암묵적 사실이다. 서울대학교는 이러한 국가적 정책과 상생의 필요성을 충분히 인지하고 있음에도 불구하고, 해가 갈수록 영재학교 출신들을 더 강력하게 흡수하며 교육 생태계의 선의의 경쟁 체계를 무너뜨리고 있다. 이는 학문적 상생보다는 자교의 우수 자원 확보를 우선시하는 '독주 본능'을 여과 없이 드러낸 결과라고 볼 수밖에 없다.

정부는 향후 2~3개 정도의 영재학교를 추가로 설립할 계획이다. 만약 지금과 같은 서울대학교의 선발 기조가 변함없이 유지된다면, 영재학교의 증설은 일반고 학생들에게 서울대 진입 장벽을 한층 더 높이는 결과를 초래할 수밖에 없다. 결국 학부모들 사이에서는 '서울대가 선호하는 교육과정을 갖춘 학교를 중학교 때 미리 선점해야 한다'는 판단이 가장 현실적인 입시 전략으로 자리 잡게 될 전망이다. 결과적으로 서울대학교 수시전형은 고등학교 진학 후의 노력보다, 중학교 시절 어느 지역에서 어떤 유형의 고등학교를 선택했느냐에 따라 사실상 승패가 결정되는 구조로 고착될 위험이 크다.

☞ 참고: 학교 분류상 영재학교는 특목고는 아니지만 본 글에서는 편의상 과학고와 같이 특목고라고 칭했다.

맹목적 '인서울'보다 중요한 것

- 대학원 진학률이 말해주는 '면학 분위기' -

　대학입시에서 과거와 달라진 점은 의대 쏠림 현상 못지않게 서울 소재 대학 선호 현상이 강력해졌다는 사실이다. 이제 '인서울 대학'이라는 단어는 단순히 지리적 위치를 나타내는 명칭을 넘어, 학생들이 선호하는 상위권 대학의 대명사로 자리 잡았다. 서울은 대한민국의 수도로서 정치, 경제, 문화의 중심지일 뿐만 아니라 전통적인 명문 대학들이 밀집해 있으니 이러한 현상은 어찌 보면 당연한 귀결이다.

　그러나 개인의 진로는 자신의 처한 상황과 목표에 맞게 스스로의 발전을 도모할 수 있는 방향으로 선택되어야 한다. 모든 학생이 유행처럼 번지는 천편일률적 기준에 따라 한 가지 진로만 고집하는 것은 긴 안목에서 결코 최선의 선택이 아닐 수 있다.

내가 즐겨보는 영국 프리미어리그 축구를 예로 들어보자. 리버풀이나 맨체스터 유나이티드의 축구 스타일이 본인에게 더 잘 맞고 선수로서의 실질적인 성장을 돕는다면 그곳을 선택하는 것이 옳다. 한창 기량을 갈고 닦으며 주전으로 도약해야 할 중요한 시기에, 단순히 유럽의 경제·문화 중심지가 런던이라는 이유만으로 본인의 성향을 무시한 채 런던 연고 팀인 웨스트햄이나 토트넘을 무조건 택하는 것은 성장을 가로막는 비합리적인 판단이 될 수 있다. 선수로서 전성기를 누려야 할 시기에 벌써부터 은퇴 후의 삶이나 거주 환경을 고민하며 정작 가장 중요한 실력 배양의 기회를 놓칠 필요는 없기 때문이다.

대학 또한 본인과의 '상성'이 무엇보다 중요하다. 정치, 경제, 문화의 중심지라는 인프라가 주는 혜택은 사회에서 어느 정도 자리를 잡고 관련 업무를 수행할 때 본격적으로 누리는 것이지, 한창 공부하며 성장해야 할 시기에는 오히려 화려한 환경이 방해 요소로 작용할 수도 있다.

대한민국은 여느 선진국과 마찬가지로 공부를 많이 할수록, 즉 학업의 깊이가 깊어질수록 평균적인 급여 수준이 높아진다. 이는 자기 분야에 대한 전문성이 높아질수록 더 좋은 기회와 보상이 뒤따른다는 상식적인 원리를 뒷받침한다. 교육부가 매년 발표하는 「고등교육기관 졸업자 취업통계」에서 학위에 따른 전공 계열별 초임 현황을 보면, 같은 계열 내에서도 학위 수준에 따라 급여 격차가 상당히 크다는 것을 알 수 있다.

순위	대학-학사		대학원-석사		대학원-박사	
	계열	월 초임(만원)	계열	월 초임(만원)	계열	월 초임(만원)
1	의약	337.6	의약	557.7	의약	989.4
2	공학	313.2	사회	471.6	공학	640.7
3	사회	271.6	공학	431.3	사회	610.0
4	자연	262.2	자연	349.6	자연	495.9
5	교육	257.4	교육	349.3	교육	451.3
6	인문	253.2	예능	286.9	인문	390.3
7	예능	229.8	인문	279.9	예능	353.3

공부를 많이 하면 할수록 소득이 높아진다는 것은 상식에 가깝지만, 이를 실제로 실천하는 것은 대단히 어려운 일이다. 공부라는 행위 자체가 다른 활동에 비해 상대적으로 재미가 덜하고 고된 과정이기 때문이다. 특히 고등학교 시절 내내 오직 입시 관문만을 통과하기 위해 전력 질주해 온 학생들에게 대학은 거대하고 신나는 자유의 놀이터로 변모하기 쉽다. 이 과정에서 충분히 더 깊은 학문을 탐구할 역량을 갖추었음에도 불구하고, 의외로 많은 학생이 학업의 끈을 놓아버리곤 한다.

본인의 전문성을 더욱 견고하게 쌓을 수 있는 최적의 시기에 학업을 멀리하게 만드는 데는 서울의 화려한 환경이 적지 않은 몫을 차지한다. 주변에 산재한 수많은 볼거리와 즐길 거리는 학생들의 학업 의지를 시험하며, 연구실보다는 거리의 활기에 익숙해지게 만든다. 이러한 경향은 실제 수치로도 나타나는데, 다음은 대학알리미에 공시되어 있는 대학입시에서 가장 선호도가 높은 '인서울' 상위 주요 대학들의 최근 5개년간 대학원 진학률 현황이다.

대학명	2020년	2021년	2022년	2023년	2024년
서울대	29.5	28.6	27.7	31.4	31.2
연세대	18.0	19.6	17.4	20.5	22.1
고려대	17.7	19.1	18.0	22.0	22.0
서강대	16.5	16.3	14.9	16.6	16.9
성균관대	14.9	15.0	13.1	13.8	18.0
한양대	14.3	14.0	12.7	15.8	16.7
이화여대	15.9	15.5	13.0	15.2	19.0
중앙대	9.7	7.1	8.2	9.6	10.2
경희대	8.8	8.8	7.7	9.4	10.7
한국외대	6.2	5.6	6.2	5.8	6.4
서울시립대	7.6	9.3	10.2	9.4	13.1
건국대	9.6	9.9	9.3	11.9	13.8
동국대	7.6	8.4	8.9	9.7	10.5
홍익대	5.5	5.4	4.5	6.5	7.5
숙명여대	10.7	11.0	11.3	11.4	10.7

표에 나와 있는 대학원 진학률을 살펴보면, 역시 고등학교 시절 가장 우수한 학업 성취를 보였던 학생들이 모인 서울대학교가 약 10명 중 3명꼴로 가장 높은 대학원 진학률을 기록하고 있다. 그 뒤를 이어 연세대와 고려대가 대입 선호도 순서와 유사하게 10명 중 2명 정도의 비율로 대학원에 진학한다. 그러나 중앙대와 경희대 라인으로 내려오면 그 수치는 급격히 하락하여, 학생 10명 중 단 1명 정도만이 학업의 전문성을 이어가는 실정이다. 이는 '인서울' 상위권 대학 내에서도 학문을 지속하려는 의지가 학교의 분위기나 주변 환경에 따라 큰 차이를 보이고 있음을 시사한다.

다음은 지방에 소재하지만 최상위권 학생들이 모이는 과학기술중점대학과 각 지역을 대표하는 9개 지역거점국립대학의 5개년 대학원 진학률이다.

대학명	2020년	2021년	2022년	2023년	2024년
KAIST	56.4	52.5	54.4	50.1	48.4
DGIST	77.3	74.2	63.9	61.3	59.4
GIST	76.5	67.6	64.9	72.7	77.5
UNIST	37.6	40.5	41.4	40.2	52.2
POSTECH	68.7	72.2	63.7	58.6	64.2
강원대	8.7	9.7	7.6	12.8	12.6
경북대	10.3	9.4	10.7	12.1	14.4
경상대	7.6	9.0	9.8	11.7	12.4
부산대	10.5	11.1	11.5	12.6	16.7
전남대	7.1	7.0	8.3	8.9	11
전북대	9.2	8.6	8.6	10.7	11.2
제주대	5.1	4.7	5.1	7.4	7.4
충남대	9.5	11.3	10.2	13.6	16.3
충북대	9.1	8.5	8.7	9.7	11.5

표에서 확인할 수 있듯이, 최상위권 인재들이 입학하는 과학기술중점대학들은 졸업생 10명 중 5명 이상이 대학원 진학을 선택하고 있다. 2026년 2월 첫 졸업생을 배출하여 이 표에는 포함되어 있지 않지만 한국에너지공과대학KENTECH의 경우, 대학원 진학률이 90%에 달할 정도로 높은 학구열을 보여준다. 고3 때는 비슷한 수준으로 고민했을 대학들이 4년 뒤에는 학업 면에서 큰 차이를 보여주고 있는 것이다. 경북대, 부산대, 충남대 등 주요 지역거점국립대학들 역시 서울의 웬만한 상위권 대학들과 대등하거나 오히려 이를 상회하는 진학률을 기록하고 있다.

이들 대학의 높은 진학률은 학생들이 단순히 졸업장이라는 스펙을 얻는 것에 그치지 않고, 학업을 통해 본인만의 전문성을 고도화하려는 강력한 학구열과 대학 입학 이후에도 자신의 진로를 주도적으로 설계하고 개척하려는 적극적인 의지가 살아있음을 증명한다.

물론 인문사회계열 비중이 높은 종합대학은 이공계열 중심의 특성화 대학보다 전체 진학률이 낮게 나타나는 경향이 있다. 하지만 동일한 이공계 학과를 1:1로 비교하더라도 과학기술중점대학의 진학률이 '인서울' 종합대학보다 월등히 높다. 이는 서울의 화려한 인프라가 제공하는 유혹에서 벗어나 연구와 학업에 몰입할 수 있는 환경이 조성되었을 때, 학생들의 잠재력이 전문성으로 치환될 가능성이 훨씬 커짐을 시사한다.

입시철이 되면 수만휘, 오르비 등 학생들과 학부모가 입시에 대한 정보를 교환하는 사이트를 종종 살펴본다. 매년 어김없이 올라오는 질문 유형이 있다.

"제가 고대랑 GIST를 합격했는데 어디 갈까요?"란 질문이 올라오면 대부분의 답변은 "에이 KAIST도 아니고 GIST면 서성한 급인네 낮공(공대 낮은 학과)이라도 고대 가야죠"이다. "제가 한양대랑 UNIST를 합격했는데 어디 갈까요?"란 질문이 올라오면 "UNIST 주변에 놀 데 없어요. 휑해요. 그래도 다양한 경험할 수 있는 서울이죠"란 답변이다. 또 "홍익대랑 부산대를 합격했는데 어디 갈까요?"란 질문에도 "무조건 서울이죠!"란 답들이 주다.

서울에는 놀거리도 많고 볼거리도 많고 할거리도 많다는 이유인데 그게 본인들의 학업 의지를 꺾는 위협요인이 될 수 있다는 것을 미처 모른다. 수천만 원의 등록금과 생활비를 더 쓰면서 말이다. 대학 서열에 몰입된, 아직 사회를 모르는 학생들의 말들이라 안타까울 때가 많다.

나의 전문성이 확보되지 않은 상태에서 다양한 경험에 노출되면 제일 재미없는 공부가 후 순위로 밀린다. 대학 캠퍼스 내에 대학원생을 '교수의 노예'라며 냉소하는 분위기가 즐비한 상황에서 주변에는 벌써 창업해서 돈 버는 학생, 고시에 합격해서 주변의 부러움을 사는 학생, 기업에 취직해서 술 사주러 온 선배들을 보면 가만히 앉아 공부하는 것은 고리타분해 보일 수밖에 없다. 또한 10명 중 1명이 대학원 가는 비율인 곳에서는 계속 공부하고 싶다는 생각은 소수의 특이한 학생이 되어버린다. 그래서 높은 학업 역량을 가진 학생들이 생각보다 일찍 학업을 내려놓는다. 서울의 다양한 것들을 접하고 말이다.

오해가 있으면 안 되겠다. 나는 내 나이에 특이하게 KAIST, POSTECH, 서울대를 학사, 석사, 박사과정을 다 다녀본 독특한 경험이 있다. 그래서 서울의 종합대학과 지방의 과학기술중점대학들이 어떤 각각의 장단점이 있다는 것도 경험을 통해 누구보다 잘 알고 있다. 어느 대학을 단순화시켜서 다른 대학보다 '더 좋다'의 개념이 아니라 나의 성향과 다음 진로를 생각하며 나의 전문성을 키워줄 곳이 어딘가에 대한 고민이 선행되어야 한다고 강조하고 싶다. 학생들이 '인서울'의 이유로 꼽는 여의도 불꽃놀이, 축제, 성수동, 홍대거리, 유튜브 이벤트 등은 나중에라도 언제든지 즐길 수 있는 것이지만, 습득과정이 '재미없고 지루한' 나의 전문성은 20대에 쌓지 않으면 평생 쌓기 어려워지기 때문이다.

'고시 폐인' 사라진 자리에 '리트 폐인'이?

- 대학입시 닮아가는 로스쿨 -

사법개혁의 기치를 내걸고 2009년 전국 25개 대학에 로스쿨이 처음 문을 열었다. 과거 신림동 고시촌에 갇혀 암기 위주의 공부에 매몰되었던 소수의 엘리트를 선발하던 방식에서 벗어나고자 하는 시도였다. 그 대신 다양한 학문적 배경을 가진 인재들을 선발하여 학교라는 제도권 내에서 체계적으로 교육해 다수의 법조인을 양성하겠다는 것이 본래의 취지였다.

로스쿨 제도가 도입된 지도 어느덧 20년 가까운 세월이 흐른 지금, 로스쿨은 인문사회계열 전공자들에게 가장 선망 받는 진로가 되었다. 극심한 취업난 속에서 법조인이라는 전문직은 여전히 최고의 인기 직종으로 꼽히기 때문이다. 그러나 로스쿨이 우리 사회를 더 건전하게 바꾸려던 초기 목표를 제대로 달성하고 있는지에 대해서는 의구심이 남는다. 과거의 '고시 폐인'이 사라진 자리를 무엇이 채우고 있는지 냉정하게 살펴볼 시점이다.

최근 통계 자료를 보면 로스쿨의 서열화와 학벌 편중 현상이 갈수록 심화하고 있음을 알 수 있다. 2025년 11월 국회 정책 포럼에서 발표된 자료에 따르면, 전국 25개 로스쿨 신입생 중 이른바 'SKY'라 불리는 서울대, 연세대, 고려대 학부 출신 비율은 꾸준히 상승하는 추세다. 2011년 46.0%였던 이들의 비중은 2025년에 이르러 55.4%까지 치솟으며 절반을 훌쩍 넘어섰다.

▨ 연도별 로스쿨 입학생 중 SKY 출신 비중

연도	2011	2012	2013	2014	2015	2019	2022	2023	2024	2025
비중(%)	46	46.9	45.5	47.9	47.6	48.8	53.6	53.5	53.9	55.4

이러한 현상은 로스쿨 졸업생들이 마주하는 취업 시장의 구조와 밀접한 관련이 있다. 과거 사법고시 체제에서는 사법연수원 성적이 중요했다면, 로스쿨 졸업 후 바로 취업하는 로스쿨 체제에서는 어느 대학 간판을 달고 있느냐가 첫 직장을 결정하는 결정적인 잣대가 되었다. 특히 대형 로펌들이 서울 상위권 로스쿨 출신을 압도적으로 선호하면서, 상위권 로스쿨들 역시 선발 단계에서부터 명문대 출신을 선호하는 경향이 뚜렷해졌다. 결과적으로 '명문대 학부에서 명문대 로스쿨'로 이어지는 견고한 엘리트 코스가 새롭게 만들어진 셈이다.

상황이 이렇다 보니 로스쿨 입시 현장은 흡사 대학입시의 재판이 되어가고 있다. 더 좋은 학벌을 얻기 위해 이미 합격한 로스쿨을 휴학하고 다시 법학적성시험(LEET, 리트)에 응시하는 '반수'와 '재수'가 일상이 되었다.

지방이나 수도권 로스쿨 학생들은 서울 상위권으로 갈아타기 위해 시험장에 다시 나타나고, 대학들은 이를 막기 위해 신입생 휴학 금지라는 강수까지 두고 있다. "지방대 로스쿨에 갈 바에는 1년 더 공부해 인서울로 가겠다"는 인식이 확산하면서 '리트 성적'에 수년을 매달리는 '리트 장수생'이나 '리트 고인물'이 넘쳐나고 있다. 결국 고시 폐인을 없애겠다던 야심 찬 계획은 어느덧 수많은 '리트 폐인'을 양산하는 결과로 이어지고 있다.

로스쿨 제도가 처음 출범할 당시 가장 큰 기대 중 하나는 바로 '다양한 분야의 법률 전문가 양성'이었다. 과거 사법시험 체제가 천편일률적인 법조인을 배출했다면, 로스쿨은 각 대학이 가진 고유의 학문적 역량과 지역적 특색을 살려 특정 분야에 정통한 법률가를 길러내고자 했다. 이를 위해 전국 25개 로스쿨은 설립 단계에서부터 자신들만의 '특성화 분야'를 지정했으며, 이는 단순한 홍보를 넘어 학교가 나아가야 할 전문성의 이정표 역할을 했다.

▨ 로스쿨 별 특성화 분야 (출처: 법학전문대학원협의회)

학교명	특성화 분야	학교명	특성화 분야
강원대	환경법	연세대	공공거버넌스
건국대	부동산법	영남대	IT/조세법
경북대	IT법	원광대	의생명과학법
경희대	글로벌 기업법	이화여대	생명윤리법 / 젠더법
고려대	국제법무	인하대	물류법
동아대	국제법무	전남대	공익인권법
부산대	금융법	전북대	동북아법
서강대	기업법	제주대	환경법
서울대	공익법, 금융법, 조세법	중앙대	문화법
서울시립대	조세법	충남대	지식재산권법
성균관대	기업법	충북대	국가전략산업법
아주대	중소기업법	한국외대	국제법무
한양대	지식재산권법		

하지만 20년 가까이 흐른 지금, 이러한 특성화 계획은 사실상 동력을 잃었다는 평가가 지배적이다. 가장 큰 원인은 '변호사 시험 합격률'이라는 현실적인 생존 문제에 있다. 현재 우리나라는 변호사 시험을 의사 국가고시와 같은 자격시험이 아닌, 정원제 기반의 상대평가 방식으로 운영하고 있다. 이로 인해 합격률 자체가 낮게 형성되다 보니, 로스쿨 교육의 초점은 전문성 강화가 아닌 '시험 합격'에 맞춰질 수밖에 없는 구조가 되었다.

이러한 상황은 학생과 학교 모두에게 심각한 부작용을 낳고 있다. 학생들은 특정 분야에 대한 깊이 있는 탐구보다는 변호사 시험에 한 문제라도 더 맞히기 위한 수험 공부에 매몰되고 있다. 어느 대학의 간판을 달고 얼마나 빨리 시험에 붙느냐가 미래를 결정하는 가장 강력한 잣대가 되었기 때문이다. 학교 입장에서도 변호사 시험 합격률이 곧 학교의 서열과 평판으로 직결되기에, 본래 내세웠던 특성화 커리큘럼보다는 시험 위주의 교과과정을 우선시하게 되었다. 결국 '다양한 전문가 양성'이라는 로스쿨 도입의 근간이 '변호사시험 합격률 지상주의'라는 현실에 가로막혀 그 취지가 무색해진 셈이다.

다음 표는 법무부가 공표한 2025년 제14회 변호사시험의 로스쿨별 합격 현황을 보여준다. 본래 로스쿨 도입 당시에는 엄격한 입학시험을 통과하고 3년간의 체계적인 전문 교육을 마친 이들에게 의사 국가고시와 유사한 '자격시험' 형태의 평가를 거쳐 변호사 자격을 부여할 것으로 기대했다. 하지만 실제 운영 과정에서 변호사시험은 매년 합격 문턱이 높아지며 선발 시험의 성격이 짙어졌고, 급기야 2025년에는 평균 합격률이 52.28%라는 저조한 수치에 머물게 되었다. 더욱 심각한 문제는 대학 간 합격률 편차가 극명하게 벌어지고 있다는 점이다.

순위	학교명 (입학정원)	합격률	순위	학교명 (입학정원)	합격률
1	서울대학교 (150)	86.7%	14	강원대학교 (40)	49.3%
2	고려대학교 (120)	75.5%	15	부산대학교 (120)	49.1%
3	중앙대학교 (50)	73.2%	16	경북대학교 (120)	48.7%
4	연세대학교 (120)	70.3%	17	영남대학교 (70)	47.5%
5	성균관대학교 (120)	69.8%	18	충남대학교 (100)	46.0%
6	경희대학교 (60)	66.7%	19	전남대학교 (120)	39.6%
7	이화여자대학교 (100)	64.4%	20	건국대학교 (40)	37.2%
8	서강대학교 (40)	60.3%	21	충북대학교 (70)	34.8%
9	서울시립대학교 (50)	59.5%	22	제주대학교 (40)	32.5%
10	인하대학교 (50)	58.6%	23	전북대학교 (80)	32.1%
11	한양대학교 (100)	57.3%	24	원광대학교 (60)	30.6%
12	아주대학교 (50)	53.2%	25	동아대학교 (80)	25.7%
13	한국외국어대학교 (50)	52.0%			

서울대학교가 86.7%, 고려대학교가 75.5%라는 높은 합격률을 기록한 것과 대조적으로 동아대학교는 25.7%, 원광대학교는 30.6%라는 충격적인 결과를 보였다. 이러한 합격률의 격차는 외부 사회로 하여금 로스쿨 간 실력 차가 돌이킬 수 없을 만큼 크다는 인식을 심어주었다. 이에 따라 기업이나 로펌들이 합격률이 높은 상위권 로스쿨 출신만을 선별적으로 채용하려 하면서, 로스쿨 본연의 취지였던 특성화 교육은 완전히 자취를 감추게 되었다. 대신 그 자리는 조금이라도 더 나은 간판을 따기 위한 'N수'와 '재수', 그리고 리트 시험에 매몰된 '리트 페인'들이 채우는 부작용이 속출하고 있다.

로스쿨은 학부 졸업 후 진학하는 대학원 과정이기에 기본적으로 소요되는 대학 4년의 등록금은 차치하고라도, 입학을 위한 리트 준비 비용 등은 별도로 하더라도 순수하게 로스쿨 등록금만으로도 3년 동안 4,000만 원에서 6,000만 원이라는 막대한 비용이 소요되는 것이 오늘날의 현실이다. 출범 당시의 의도는 분명 선했으나, 결과적으로는 기성세대가 구축해 놓은 견고한 일자리를 보호하기 위해 젊은 세대가 사회로 진출하는 기간만 늦추는 결과가 나타나고 있는 것은 아닌지 우려된다.

막대한 시간과 비용을 투자하고도 다시 합격률과 학벌의 벽 앞에 서야 하는 청년들의 현실을 보면, 로스쿨이 본래의 교육적 기능을 상실한 채 사회적 진입 장벽으로만 작용하고 있다는 비판을 피하기 어렵다. 이처럼 막중한 경제적 부담을 짊어지면서도 출신 학교의 서열과 낮은 시험 합격률 앞에 고뇌하는 청년들의 모습을 보면 한 가지 근본적인 질문을 던지게 된다. 과연 2009년으로 다시 돌아간다면 우리는 여전히 지금과 같은 로스쿨의 길을 선택했을 것인지, 아니면 과거 사법시험과 연수원 제도의 결점을 보완하여 계승하는 것이 더 나은 방향이었을지 확신하기 어렵다.

대학 서열 싸움은 그만!
'진짜 실력'이 좋아지는 대학을 찾아라

대한민국 교육계와 입시 현장에서 대학평가 결과가 발표되는 날은 학생들이 주로 방문하는 인터넷 입시 사이트나 소셜미디어가 각 대학을 지지하는 이들 사이의 격렬한 설전으로 뜨겁게 달아오르는 날이다. 현재 전 세계적으로 수많은 기관이 대학평가를 시행하고 있지만, 우리나라에서는 국제적으로 권위를 인정받는 QS 세계 대학 순위와 THE 세계 대학 순위를 핵심 지표로 중시한다. 여기에 국내에서는 30년 넘는 역사를 지닌 중앙일보 대학평가가 오랜 전통을 유지하고 있으며, 최근에는 한국경제신문 대학평가가 새롭게 등장하여 데이터의 다각화를 꾀하고 있다. 이러한 평가 결과는 수험생과 학부모에게 중요한 가이드라인이 되지만, 안타깝게도 그 논의의 중심은 대학이 어떤 교육 철학으로 학생을 가르치고 어떻게 발전하고 있는가 하는 실질적인 방향이 아니다. 오로지 '내 대학이 남보다 우위에 있는가'를 가리는 서열 그 자체에만 매몰되어 있는 것이 오늘날의 현실이 기도 하다.

예를 들어, 특정 평가에서 특정 대학이 높게 나타나면 평가기관과 대학 재단과의 관계를 들먹이며 결과의 공정성에 의문을 제기하는 음모론이 단 골로 등장한다. 이러한 현상은 과정이나 내실보다는 눈에 보이는 결과적 인 순위에만 집착하는 우리나라 대학입시의 고질적인 특징이 투영된 결과 라고 볼 수 있다. 하지만 대학평가를 단순히 이러한 종합 서열을 확인하는 성적표나 감정 섞인 비난의 소재로만 활용하는 것은 그 속에 담긴 귀중한 정보와 엄중한 경고를 동시에 놓치는 일이다. 평가 자료를 깊이 있게 분석 해 보면 단순히 누가 몇 위인가 하는 일시적인 등수보다 더 중요한 가치인 대학의 '경향성'을 발견하게 된다. 특히 서로 다른 여러 기관의 평가에서 공 통적으로 순위 상승이나 지표 개선이 포착되는 대학이 있다면, 이는 우연 이 아니라 실제로 조직 내부에서 유의미한 혁신과 과감한 투자가 일어나 고 있을 가능성이 매우 높다는 신호임을 반드시 읽어내야 한다.

시야를 글로벌 무대로 넓혀 '2026 THE 세계 대학평가'와 같은 지표를 마 주하면 우리 대학들이 처한 상황은 더욱 냉정하고 엄중하다. 실제로 우리 나라는 여전히 세계 무대는 물론 아시아 Top 10 내에서도 뚜렷한 존재감 을 드러내지 못하고 있는 실정이다. THE 아시아 순위권은 칭화대, 북경대 등 중국 대학들과 싱가포르 국립대, 도쿄대 등이 상위권을 굳건히 장악하 고 있으며, 국내 1위인 서울대조차 글로벌 전체 순위에서는 58위에 머물러 있다. 이는 국내 대학들이 좁은 울타리 안에서 소모적인 순위 다툼과 비난 에 매몰되어 있는 동안, 세계적인 연구 경쟁력과 교육 혁신의 속도전에서 는 뒤처지고 있음을 보여주는 뼈아픈 현실이다. 따라서 지금 우리에게 필 요한 것은 국내 순위 한 칸에 일희일비하는 태도가 아니라, 대한민국 대학 전체가 글로벌 수준으로 상향 평준화될 수 있는 토대를 마련하는 일이다.

이러한 관점에서 최근 가장 주목받는 사례가 바로 세종대다. 세종대는 과거의 고정관념에 머물지 않고 2026 THE 세계 대학평가에서 연구 품질 부문 92.6점이라는 놀라운 성과를 거두며 '진짜 실력이 좋아지는 대학'의 전형을 보여주었다. 또한 2024년 대학 기술 이전 실적 전국 1위를 차지하고 첨단 분야 군 의무복무형 계약학과를 선제적으로 운영하는 등 공대 중심의 실속 있는 체질 개선을 성공적으로 이뤄냈다.

▨ **THE 세계 대학 랭킹 2026 국내 Top 10**

한국 순위	글로벌 순위	대학	총점	교육	연구 환경	연구 품질	산업	국제화
1	58	서울대	74.1	74.1	74.8	77.6	100	43.5
2	70	KAIST	71.3	66.7	67.5	82.4	100	44.2
3	86	연세대	68.5	58.7	57.4	87.8	100	55.7
4	87	성균관대	68.3	60.2	57.5	83.4	99.7	64.3
5	141	POSTECH	62.3	58.3	49.5	79.2	100	39.9
6	156	고려대	61.4	52.4	51.3	73.3	99.9	67.8
7	201-250	UNIST	56.4-58.6	47.4	39.5	81.3	98.1	39.5
8	251-300	한양대	54.3-56.3	45.9	41.5	65.5	99.6	69.2
8	251-300	경희대	54.3-56.3	41.2	40.3	76.5	99.9	72.5
8	251-300	세종대	54.3-56.3	33.6	33.6	92.6	83.7	65.8

이와 같은 개별 대학들의 실질적인 혁신 노력은 우리 교육계 전체의 상향 평준화를 위한 소중한 밑거름이 된다. 산학 협력에 강점이 있는 성균관대나 한양대, 독자적인 특성화 모델로 발전하는 한양대 ERICA, 그리고 취업률과 교육 여건 지표에서 실력을 보여주는 한국기술교육대학교 등이 그

대표적인 사례다. 이러한 발견들은 학부모와 학생에게 대학의 이름값이라는 껍데기가 아닌 실질적인 교육의 내실을 파악할 수 있는 매우 소중한 정보를 제공한다. 이는 단순히 과거의 간판만 보고 대학을 선택하던 관행에서 벗어나, 아이의 적성과 구체적인 진로에 가장 적합한 교육 환경이 어디인지를 데이터를 통해 과학적으로 확인하게 해주기 때문이다.

다만 이러한 성과가 국내용에 그치지 않도록 지표의 이면을 읽는 혜안도 필수적이다. 현행 대학평가는 막대한 국가 연구비와 전문 인력을 보유한 의과대학이 있는 대학이 지표 설계상 유리하게 나올 수밖에 없는 구조적 한계를 안고 있다. 따라서 의대가 없는 서강대나 예술 계열이 특화된 홍익대처럼, 평가 방식에 따라 그 실력이 실제보다 가려질 수 있는 대학들의 고유한 역량까지 함께 균형 있게 바라볼 줄 알아야 한다.

결국 우리가 주목해야 할 대학평가의 본질은 누가 1등인가를 가리는 무의미한 서열 정하기가 아니라, 각 대학이 구축해온 고유의 강점을 투명하게 보여주는 필터가 되는 데 있다. 학부모와 학생이 이제까지의 수직적 가치관에서 벗어나 취업률이나 진학률, 1인당 교육비와 같은 세부 지표를 꼼꼼히 대조해 보기 시작할 때 대학평가는 비로소 성장을 돕는 나침반 역할을 수행할 수 있다. 이러한 실질적인 안목이 우리 사회 전반에 확산된다면 대학들 또한 소모적인 간판 경쟁 대신 자신들만의 특성화된 영역을 개척하는 '수평적 그룹화'를 향해 나아갈 것이다. 아이의 적성과 꿈에 가장 최적화된 교육 환경이 어디인지를 데이터를 통해 확인하려는 태도야말로 고착화된 서열의 틀을 깨는 시작이다. 수직적 경쟁이 아닌 수평적 다양성이 존중받는 환경 속에서 모든 대학이 동반 성장할 때, 비로소 우리 아이들이 마주할 대한민국 교육의 미래도 밝게 빛날 수 있다.

룸메이트의 스마트폰이
내 아이 연봉을 갉아먹는다
- 디지털 전염효과 -

미국 전미경제연구소NBER에서 발표한 한 논문이 교육계와 노동 시장에 흥미로운 시사점을 던져주고 있다. 이 논문의 제목은 「동료 영향이 결합된 디지털 주의산만: 모바일 앱 사용이 학업 성취도 및 노동 시장 성과에 미치는 영향」으로, 스마트폰 사용이 개인의 삶을 넘어 주변 동료에게 어떤 파급 효과를 주는지 심도 있게 다룬다.

연구팀은 중국 내 중상위권 대학 한 곳을 선정하여 2018년부터 2020년 사이에 입학한 3개 학년, 총 6,430명의 학생을 대상으로 4년이라는 긴 시간 동안 추적 조사를 실시하였다. 이 과정에서 대학 행정 데이터는 물론 실시간 모바일 앱 사용 기록, GPS 위치 정보, 수면 데이터, 그리고 졸업 후 실제 수령하는 임금 수준에 이르기까지 그야말로 방대한 데이터를 수집하여 학생들의 생활 패턴을 다각도로 분석하였다.

특히 주목할 만한 점은 실험의 객관성을 확보하기 위해 기숙사 배정을 무작위로 진행했다는 사실이다. 분석 결과, 대학 입학 전부터 스마트폰 사용량이 많았던 학생과 룸메이트가 된 경우, 본인의 원래 습관과 상관없이 상대방의 영향을 받아 본인의 스마트폰 사용량 또한 비례하여 증가하는 현상이 뚜렷하게 나타났다. 다음의 그림은 이러한 동료 효과가 전체 앱 사용 시간뿐만 아니라 소셜미디어, 영상 시청, 게임 등 다양한 영역에서 전염성 있게 확산되고 있음을 실증적으로 보여준다.

▨ 입학 전 룸메이트의 모바일앱 사용량에 따른 나의 모바일앱 사용량의 변화

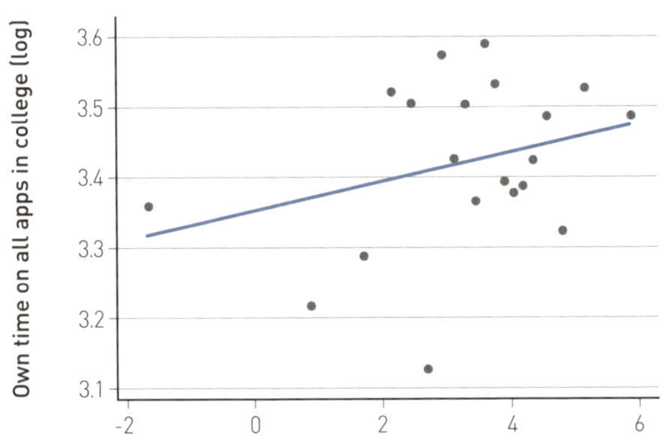

이러한 동료 효과는 단순한 사용량의 증가를 넘어 개인의 실질적인 성취에도 직접적인 영향을 미친다. 아래의 그래프들은 룸메이트의 모바일앱 사용 정도가 나의 대학 학점GPA 및 졸업 후 초기 연봉과 어떤 상관관계를 갖는지 명확히 보여준다.

▨ 룸메이트 모바일앱 사용량과 나의 학점(GPA)

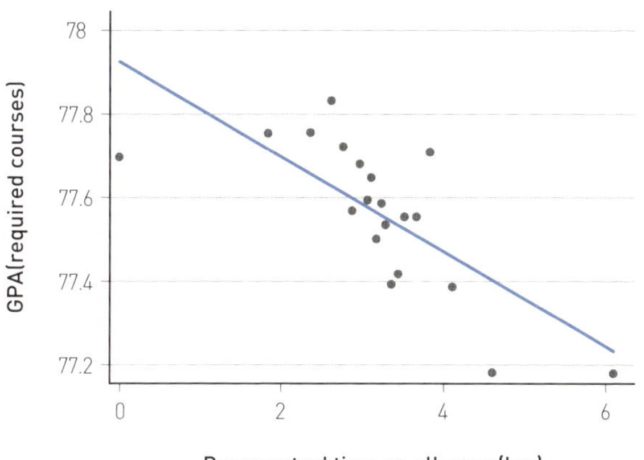

▨ 룸메이트 모바일앱 사용량과 나의 졸업 후 연봉

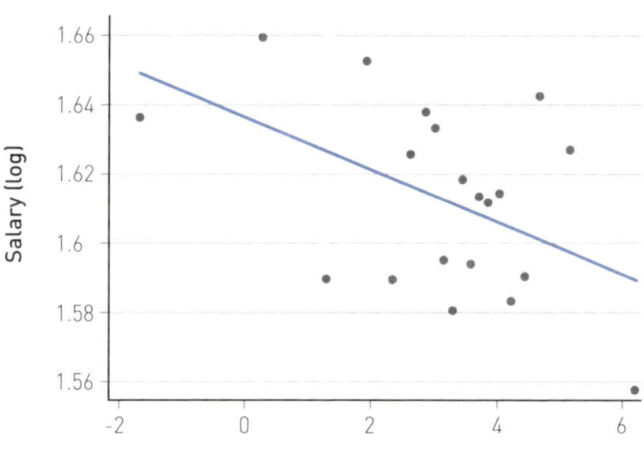

분석 결과에 따르면, 스마트폰의 과도한 사용은 개인의 의지 문제를 넘어 주변 동료를 '전염'시키는 강력한 파급력을 지닌다. 본인이 직접 스마트폰을 많이 사용하는 것뿐만 아니라, 사용량이 많은 룸메이트와 생활하는 것만으로도 나의 학점은 유의미하게 하락하는 경향을 보였다. 이는 곧 노동 시장에서의 성과로 직결되어, 결과적으로 더 낮은 연봉을 받는 직장에 취업하게 되는 부정적인 연쇄 반응을 일으킨다.

이러한 결과가 나타나는 원인에 대해 논문은 다각적인 분석을 제시한다. 스마트폰 몰입은 필연적으로 수면 부족을 야기하여 전반적인 건강 상태를 악화시키며, 절대적인 학습 시간의 감소와 수업 중 집중력 저하 등 불성실한 학습 태도를 증가시킨다. 결국 대학생임에도 불구하고 스스로 스마트폰 사용 시간을 적절히 제한하고 관리하는 능력이 미래의 성패를 가르는 핵심 변수가 된다는 점을 본 연구는 강조하고 있다.

스마트폰의 전염성과 그로 인한 폐해는 단순히 개인의 노력만으로 해결하기 어려운 수준에 이르렀으며, 이에 따라 세계 각국은 강력한 법적 규제 카드를 꺼내 들고 있다.

대표적으로 호주는 2025년 12월부터 기존 온라인 안전법을 개정하여 만 16세 미만 청소년의 소셜미디어SNS 계정 생성을 원천적으로 차단하는 법안을 시행 중이다. 이 규제는 구글 클래스룸과 같은 학습용 서비스나 단순 소통 메신저는 허용하되, 틱톡, 인스타그램, 페이스북, X(구 트위터), 스냅챗 등 알고리즘 기반의 강력한 추천 시스템으로 중독을 유발하는 서비스는 엄격히 제한하고 있다. 특히 이용자인 학생이나 학부모에게 책임을 묻는 대신, 계정을 발급해 준 플랫폼 기업에 처벌을 집중함으로써 기업들이 스스로 청소년 계정을 삭제하도록 유도하고 있다. 법 시행 단 한 달 만에 약 470만 개의 청소년 계정이 삭제되는 등 가시적인 성과가 나타나자, 영국과 프랑스 등 다른 선진국들도 유사한 법안 도입을 진지하게 검토하고 있다.

우리나라 역시 이러한 흐름에 발맞추어 초·중등교육법을 개정하였다. 이에 따라 2026년 3월부터는 교실 수업 중 휴대전화를 포함한 스마트 기기 사용이 금지된다. 하지만 이는 소셜미디어 계정 생성 자체를 막는 호주의 사례와 비교하면 규제의 강도가 상대적으로 약한 편이다. 국내 교육계 내부에서는 여전히 학생들에게 자율성을 주어야 한다는 의견이 팽팽하게 맞서고 있어, 당분간 호주 수준의 강력한 법적 규제가 도입되기는 쉽지 않을 전망이다.

이처럼 스마트폰 사용 습관이 동료 간에 강력하게 전염된다는 연구 결과는 우리나라 대학 기숙사 환경에 시사하는 바가 매우 크다. 교육부가 발표한 2025년 4년제 대학 기숙사 타입별 현황에 따르면, 우리나라 대학 기숙사 환경은 여전히 다인실 위주로 운영되고 있다.

▨ **2025년 국내 대학 기숙사 타입별 현황**

기숙사 구분	개수	비율
1인실	16,172	10.2%
2인실	114,660	72.6%
3인실	10,916	6.9%
4인실	16,262	10.3%

통계에서 보듯 우리나라는 2인실 비중이 72.6%로 압도적으로 높으며, 4인실도 약 10%에 달한다. 이는 학생들에게 공동체 의식을 심어줄 수 있다는 장점이 있지만, 이번 연구에서 밝혀진 것처럼 타인의 무분별한 디지털 습관이 나의 학업 성취도와 미래 소득 수준까지 떨어뜨리는 '부정적 전염'에 무방비로 노출될 수 있는 구조이기도 하다.

따라서 대학들은 기숙사 신축이나 리모델링 시 1인실 비중을 점진적으로 확대하여 학생들이 온전히 자신의 생활 패턴에 집중할 수 있는 환경을 제공할 필요가 있다. 만약 시설 확충이 단기간에 어렵다면, 입학 전 스마트폰 사용 습관이나 학습 성향을 미리 파악해 기숙사 방을 배정하는 식의 정교한 행정적 배려도 대안이 될 수 있다.

결국 스마트폰 사용 시간을 스스로 통제하고 관리하는 능력은 단순히 시간을 아끼는 차원을 넘어, 미래의 경제적 가치와 건강한 삶을 결정짓는 핵심 역량이 될 것이다. 대학 사회와 정책 당국은 학생들이 이러한 디지털 유혹에서 벗어나 자신의 삶을 주도적으로 설계할 수 있도록 환경적, 제도적 뒷받침을 고민해야 한다는 것이 앞서 인용한 논문의 결론이지만 현실적으로는 어려운 일이다. 따라서 본 연구를 통해 우리가 배울 수 있는 성공의 방정식은 명확하고 간단하다.

"스마트폰을 멀리하고, 좋은 습관을 지닌 친구를 가까이하라."

대학 졸업장보다 강하다!
'국가기술자격증'의 힘

AI와 휴머노이드 로봇의 발달은 인간의 직업 지형을 뿌리째 뒤흔들고 있다. 특히 초·중·고와 대학을 거치며 머리에 주입해 두었던 지식을 단순히 인출하여 활용하던 평범한 사무직들은 이제 가장 먼저 대체될 위기에 처했다. 이러한 대격변의 시대에 살아남는 길은 명확하다. 첫째는 인공지능, 로봇, 반도체 등 첨단 기술의 한복판으로 직접 뛰어드는 것이고, 둘째는 아직은 휴머노이드 로봇이 대체할 수 없는, 인간이 직접 몸을 움직여 현장에서 고객과 소통하는 일을 하는 것이며, 셋째는 국가가 법으로 그 권한을 보호하는 자격증을 손에 쥐는 것이다.

이러한 면에서 '국가기술자격증'은 로봇이 흉내 내기 힘든 현장성과 법적 전문성을 동시에 보장한다. 시시각각 변하는 건설 현장이나 고도의 판단이 필요한 안전·기계 분야는 인간의 세밀한 감각과 움직임이 필수적이기 때문이다. 결과적으로 오늘날 '무조건 대학 진학'이라는 공식은 거대한 딜레마에 빠졌다. 4년의 시간과 막대한 비용을 투자한 대학 졸업장이 자격증의 실효성을 따라가지 못하고 있기 때문이다.

다음 표는 2025년 5월 고용노동부가 공개한 「국가기술자격 취득자의 임금 분석 결과」 보고서에 나오는 국가기술자격 초임 임금 Top 10 종목이다.

▨ 국가기술자격 초임임금 Top 10 (기술 기능 분야)

순위	기사		산업기사		기능사	
	종목명	중위임금 (만원)	종목명	중위임금 (만원)	종목명	중위임금 (만원)
1	콘크리트기사	420	가스산업기사	316	제선기능사	314
2	건설안전기사	316	건설안전산업기사	309	불도저운전기능사	300
3	건축설비기사	311	금속재료산업기사	300	압연기능사	300
4	화공기사	309	기계정비산업기사	300	천공기운전기능사	300
5	일반기계기사	306	산업안전산업기사	300	화학분석기능사	295
6	품질경영기사	304	에너지관리산업기사	291	천장크레인운전기능사	291
7	가스기사	300	공조냉동기계산업기사	288	설비보전기능사	290
8	설비보전기사	300	용접산업기사	287	가스기능사	289
9	공조냉동기계	298	위험물산업기사	284	타워크레인운전기능사	281
10	에너지관리기사	295	정밀측정산업기사	280	공유압기능사	275

사실 우리는 이러한 국가기술자격증의 가치에 대해 잘 알지 못했다. 우리 사회가 오랫동안 일반고등학교 중심의 진학 시스템을 유지해 왔고, 대학 졸업 후에는 전문직, 공무원, 혹은 기업의 홍보, 마케팅, 기획 같은 사무직으로 진출하는 모습만을 '성공의 정석'처럼 주입해 왔기 때문이다. 깨끗한 사무실에서 컴퓨터로 업무를 처리하는 모습만이 지성인의 표상이라 믿

어왔기에, 현장에서 몸을 움직이며 법적 권한을 행사하는 기술직의 실질적인 위상과 고소득 가능성은 우리의 시야 밖에 놓여 있었다.

그러나 실제 데이터가 말해주는 현실은 우리의 고정관념과 큰 차이가 있다. 위 표에서도 볼 수 있듯이 자격증 하나가 보장하는 경제적 가치는 웬만한 대졸 사무직의 초임을 압도한다. 참고로 2025년 12월 교육부가 밝힌 「2024년도 고등교육기관 졸업자 취업통계」에 따르면 전문대학 졸업의 중위임금은 242만 원, 대학 졸업자의 중위임금은 270만 원이었다.

2024년도 고등교육기관 졸업자 월 소득 현황

구분	평균소득	중위소득
전문대학	269.3만 원	242.0만 원
대학	314.6만 원	270.0만 원
대학원(석사)	496.2만 원	425.7만 원
대학원(박사)	653.2만 원	519.3만 원

자격증을 가진 사람이 취업 시장에서 유리한 위치를 차지하고 비교적 안정적인 소득을 얻는 이유는 단순히 기술이 뛰어나서가 아니다. 국가가 법으로 '이 업무는 아무나 할 수 없다'고 정해 놓았기 때문이다. 우리나라는 국민의 생명과 안전에 직접적인 영향을 미치는 분야에 대해, 관련 자격과 전문성을 갖춘 인력을 반드시 배치하도록 법으로 규정하고 있다. 이를 흔히 '법정 선임 제도'라고 부른다.

이 제도는 해당 분야의 인력을 자연스럽게 희소하게 만든다. 예를 들어 일정 규모 이상의 건설 공사는 '건설기술 진흥법'에 따라 품질관리 대상 공사가 되며, 이 경우 품질관리 업무를 수행할 건설기술인을 반드시 배치해야 한다. 콘크리트기사는 이러한 품질관리 업무를 수행할 수 있는 대표적인 국가기술자격이다. 특히 대형 공사 현장에서는 콘크리트 품질이 안전과 직결되기 때문에 전문 자격 보유자를 선호하거나 직접 요구하는 경우도 많다.

이처럼 법으로 반드시 사람이 배치되어야 하는 구조에서는 경기 상황이 나빠져도 채용을 멈출 수 없다. 전기기사 역시 마찬가지다. 일정 규모 이상의 전기설비를 갖춘 건물이나 공장은 전기안전관리자를 선임하지 않으면 운영 자체가 불법이 되기 때문에 기업은 관련 자격을 가진 인력을 상시 확보해야 한다.

결국 자격증의 힘은 '스펙'이 아니라 법과 제도가 만들어낸 구조에서 나온다. 이러한 분야는 AI나 자동화 기술이 발전하더라도 쉽게 사라지지 않으며, 진로를 고민하는 학생들에게는 학력 경쟁을 넘어설 수 있는 현실적인 대안이 될 수 있다.

그러나 이러한 구조가 분명해질수록, 학생과 학부모가 느끼는 혼란 역시 커지고 있다. 과거에는 대학 졸업장 자체가 취업으로 이어지는 가장 확실한 경로로 인식되었지만, 지금은 학위만으로는 법적 역할이나 직무 수행 권한이 보장되지 않는 경우가 많아졌기 때문이다. 실제로 많은 국가기술자격은 일정한 학력을 요구하지만, 이는 반드시 정규 4년제 대학 졸업만을 의미하지 않으며, 관련 실무 경력이나 학점은행제 등을 통해 제도적으로 충족할 수 있도록 설계되어 있다.

이로 인해 "대학에 가야 안전한가, 아니면 자격증을 준비하는 것이 더 현실적인가"라는 질문 앞에서 명확한 답을 찾기 어려운 상황이 만들어진다. 대학은 여전히 중요한 교육 경로이지만, 동시에 법과 제도가 요구하는 전문 인력은 학위의 이름보다 실제로 선임될 수 있는 자격과 요건을 더 중시하는 구조로 이동하고 있다. 바로 이 지점에서 학생과 학부모는 전통적인 학력 중심 진로와 제도 기반 진로 사이에서 고민하게 되고, 이것이 오늘날 많은 이들이 체감하는 '대학 진로의 딜레마'라 할 수 있다.

이러한 딜레마 속에서 특성화고와 마이스터고 진학 역시 충분히 고려해볼 만한 현실적인 대안이 될 수 있다. 이들 학교는 과거처럼 단순히 '조기 취업'을 목표로 하는 교육기관이 아니라, 국가가 필요로 하는 산업 인력을 체계적으로 양성하고 국가기술자격 취득으로 이어지는 중요한 통로로 기능하고 있다. 실제로 많은 특성화고와 마이스터고에서는 재학 중 또는 졸업과 동시에 국가기술자격증 취득이 가능하도록 교육과정이 설계되어 있으며, 이는 법과 제도가 요구하는 전문 인력으로 진입할 수 있는 기반이 된다. 취업의 질도 계속 좋아지고 있다. 교육부가 2025년 11월에 발표한 「2025년 직업계고 졸업자 취업 통계조사 결과 발표」에 따르면 300인 이상 대기업 취업자 비중이 36.3%로 4년 연속 상승하며 취업의 질이 개선되고 있다고 분석했다. 마이스터고등학교는 무려 55%에 달했다.

2025 직업계고 졸업자 취업 통계조사: 종사자 규모별 취업 비율

종사자규모	특성화고	마이스터고	일반고 직업반
1,000명 이상	22.5%	36.4%	23.2%
300~1,000명	8.9%	18.6%	5.2%
30~300명	34.0%	32.7%	31.2%
5~30명	28.3%	10.7%	29.6%
5명 미만	6.1%	1.6%	10.5%
기타	0.1%	0.0%	0.3%

이들 상당수의 학생들이 여러 가지 방법으로 결국 대학 진학을 선택하게 되겠지만 직업계고등학교의 경험은 국가기술자격증을 취득하는 트랙

으로 인도할 가능성이 더 클 것이다. 따라서 직업계고등학교 진학은 이제 단순한 '빠른 취업'을 넘어, AI시대에 살아남을 수 있는 국가가 보호하는 안정적인 '전문 기술인 커리어'로 진입하는 가장 효율적인 경로로 새롭게 진화할 가능성이 높다고 평가할 수 있다.

그럼에도 불구하고 직업계고 진학을 결정하는 과정에서 많은 학부모가 쉽게 마음을 정하지 못하는 이유는 여전히 분명하다. 진로의 합리성이나 취업의 질, 제도적 장점이 지속적으로 개선되고 있음에도 불구하고, 고등학생 시기의 생활관리와 학교 환경에 대한 불안감은 예나 지금이나 좀처럼 해소되지 않고 있기 때문이다. 가장 소중한 자녀를 보내는 선택인 만큼, "과연 학교에서의 생활지도는 충분한가", "또래 환경은 안전한가", "학습과 생활이 균형 있게 관리될 수 있는가"라는 질문은 과거에도 존재했고, 지금도 여전히 반복되고 있다.

그러나 이 문제는 학생이나 학부모 개인의 선택 문제라기보다, 우리 기성세대가 얼마나 관심을 가지고 관리·지원해 왔는가의 문제일 수도 있다. 만약 학교 현장의 생활지도, 상담, 진로 관리에 대해 사회와 어른들이 지금보다 조금만 더 신경을 쓰고 책임을 나눈다면, 학부모가 느끼는 불안감 역시 상당 부분 해소될 수 있을 것이다. 교육과정과 취업 성과, 이후 진학과 경력 확장 가능성은 이미 과거와 비교해 분명히 달라졌고, 이제 남은 과제는 학생이 안전하게 성장할 수 있다는 신뢰를 만들어 주는 일이다.

이러한 신뢰가 쌓인다면, 특성화고와 마이스터고 진학은 더 이상 '위험을 감수하는 선택'이 아니라, 기성세대가 함께 뒷받침하는 안정적인 선택지로 자리 잡을 수 있다. 결국 직업계고에 대한 인식의 전환은 제도의 문제가 아니라, 어른들이 얼마나 책임 있게 이 경로를 관리하고 지켜보느냐에 달려 있는지도 모른다.

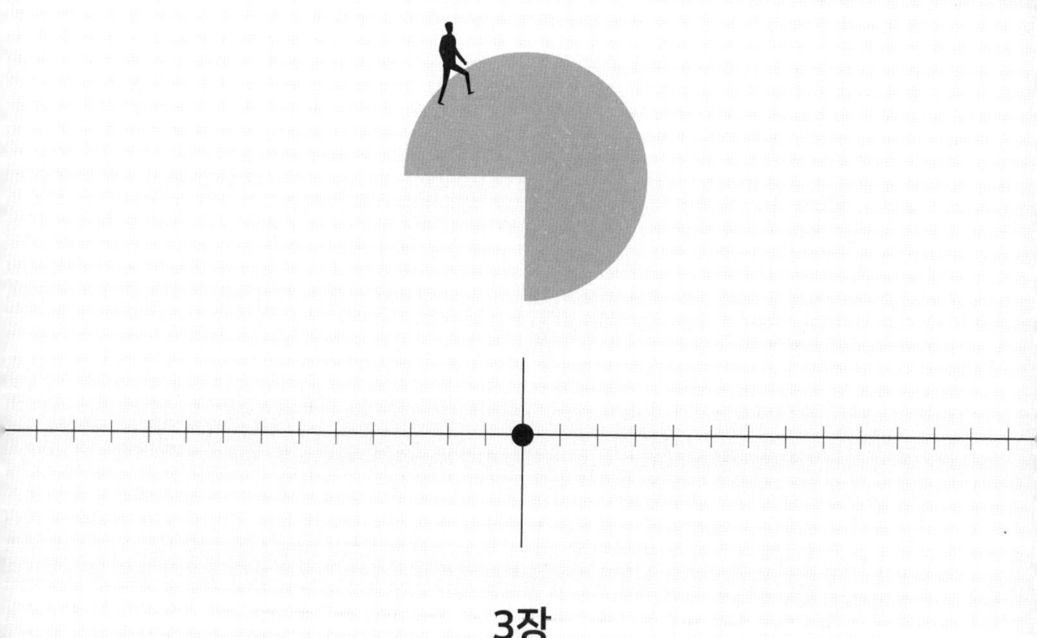

3장

미래 유망 진로와
생존 전략

의대 불패 신화 흔들리나?
이공계 슈퍼싸이클의 시작

　사회적 병폐로 지적되는 대학입시의 의약학계열 쏠림 현상은 국가적 차원에서 우수한 인재들이 경제적 부가가치를 창출할 수 있는 이공계로 유입되지 않는다는 아쉬움을 남기지만, 학생 개인의 관점에서는 대단히 합리적인 선택의 결과이다. 인재들이 의대로 몰리는 핵심적인 이유는 크게 두 가지로 압축되는데, 그중 첫 번째는 바로 어떤 직업에 종사하며 평생 벌어들이는 총소득을 의미하는 '생애소득'이 타 직종에 비해 압도적으로 높다는 점이다. 실제로 2020년 의협신문에 게재된 분석 자료에 따르면 당시 개원의사의 평균 생애소득은 약 38억 1,710만 원으로, 비교 대상이었던 7급 공무원의 생애소득인 23억 1,708만 원보다 현저히 높은 수준을 기록하였다. 2020년 자료를 기준으로 한 것이기에 최근 몇 년 사이 급등한 의사들의 평균 연봉을 고려한다면, 현재 시점에서 의사들의 생애소득은 평균 50억 원대에 달할 것으로 추정해도 큰 무리가 없다. 만약 이 정도 수준의 소득을 보장하는 직업이 다양했다면 학생들은 각자의 적성에 따라 여러 분야로 분산되었겠지만, 현재 한국 사회에서 의사만이 유일무이한 고소득을 보여주고 있기에 인재의 집중 현상은 필연적일 수밖에 없다.

쏠림 현상을 유발하는 두 번째 결정적인 이유는 직업적 안정성에서 찾을 수 있다. 현대 사회를 살아가는 이들에게 미래에 대한 불확실성은 가장 큰 스트레스 요인인데, 의사는 고등학교 시절 학업에 매진하여 의대에 합격하기만 하면 본인이 스스로 포기하지 않는 한 95% 이상의 높은 확률로 국가자격증을 취득하게 된다. 이는 명문대에 진학하고도 대학 내내 로스쿨 입시를 준비해야 하며, 3년의 고된 과정을 거치고도 합격률이 50% 남짓에 불과한 변호사시험을 통과해야 하는 법조계의 상황과 극명한 대조를 이룬다. 자격을 취득한 이후에도 일자리를 걱정해야 하는 다른 전문직과 달리, 의사는 견고한 국가건강보험 시스템과 의료 수요의 지속적인 증가 덕분에 65세 이상까지 안정적으로 종사할 수 있으며, 다른 분야로의 이탈을 고민하지 않아도 된다는 점이 매우 큰 장점으로 작용한다. 의료계 일각에서는 고된 학업 과정과 업무 강도에 대한 정당한 보상임을 강조하지만, 의대와 비슷한 수준의 역량을 요구하는 다른 전문 분야들 역시 만만치 않은 업무 환경에 놓여 있음에도 불구하고 보상은 낮고 삶은 불안정하다는 차이가 있다. 결국 이러한 보상 체계와 안정성의 불균형이 지금처럼 모든 인재가 의대로만 향하게 만드는 사회적 풍경을 만들어낸 것이다.

우수한 학생들이 의대에만 매몰되지 않고 이공계로 향하게 하려면 국가 차원의 전략이 필수적이다. 그동안 논의된 방법 중 하나는 의사의 생애소득을 강제로 낮추는 것이었다. 지난 정부에서 추진한 의대 정원의 급격한 증원이 대표적인 사례인데, 이는 방법론 자체는 검토해 볼 수 있으나 과정과 방식의 문제로 인해 사회적 갈등과 아픔만을 남긴 채 원상 복구되었다는 점에서 정책적으로는 가장 낮은 수준의 수단에 불과했다. 현 정부 역시 필수의료, 지방의료, 공공의료 확충이라는 명분을 내걸고 의대 정원 확대를 추진하고 있다. 그러나 세계 최고 수준의 의료 서비스를 제공하는 의사들의 근로 의욕을 꺾는 방식보다는, 이공계 우수 인력의 생애소득과 직업적 안정성을 의사 수준으로 끌어올리는 전략이 훨씬 더 근본적이고 필요하다.

도달하기 어려워 보였던 이러한 전략은 최근 현실적인 변화로 나타나기 시작했다. 침체되었던 공대가 다시 활기를 띠며 오랜 시간 이어진 의대 쏠림 현상에 기분 좋은 균열이 생기고 있는 것이다. 이러한 변화의 신호탄을 쏘아 올린 것은 국내 대표 반도체 기업인 SK하이닉스의 비약적인 성장과 파격적인 보상 체계의 변화이다. 반도체 슈퍼싸이클을 맞이한 기업의 성장이 인재들의 진로 선택 지형을 바꾸는 결정적인 계기가 되고 있다.

SK하이닉스는 현재 반도체 슈퍼싸이클의 흐름을 타고 유례없는 초고속 성장을 거듭하고 있다. 단순히 기업의 매출 규모만 커지는 것이 아니라, 그 결실을 나누는 방식에서도 기존의 틀을 깨는 파격적인 변화를 시도하고 있다. 과거 국내 대기업들은 성과급을 지급할 때 기본급의 일정 비율(%)로 상한선을 정해두는 것이 일반적인 관행이었다. 그러나 SK하이닉스는 노사 합의를 통해 이러한 상한제를 과감히 폐지하고, 영업이익의 10%를 성과급의 재원으로 활용하기로 결정하였다.

이러한 변화의 위력은 실제 수치에서 명확히 드러난다. 2025년 SK하이닉스의 영업이익은 47조 2,063억 원에 달하는데, 이 중 10%인 약 4.7조 원이 성과급으로 책정된다. 전체 직원 수가 약 3만 4,000명 수준임을 고려하면 단순 산술 계산으로도 직원 1인당 평균 1억 3,000만 원 이상의 성과급 지급이 가능하다는 계산이 나온다. 물론 연차에 따라 차이는 있겠지만, 이제 막 입사한 신입사원이라도 기본급에 이러한 성과급을 더하면 초봉이 최소 1억 원을 가볍게 상회하는 상황이 현실화된 것이다.

이러한 파격적인 보상 체계는 2025년 상반기 대대적으로 보도되며 사회 전반에 큰 반향을 일으켰다. 이는 곧바로 입시 현장의 변화로 이어져, 2026학년도 대입에서는 고려대, 서강대, 한양대에 개설된 SK하이닉스 채용조건형 계약학과로 수험생들의 관심이 폭발적으로 집중되는 결과를 낳았다.

SK하이닉스 계약학과	2025년 대입				2026년 대입			
	수시		정시		수시		정시	
	선발인원	경쟁률	선발인원	경쟁률	선발인원	경쟁률	선발인원	경쟁률
고려대	20	14.5:1	10	8.2:1	28	12.0:1	12	7.5:1
서강대	20	38.1:1	10	7.7:1	20	48.5:1	10	9.0:1
한양대	32	30.5:1	9	13.9:1	32	36.6:1	10	11.8:1

고려대와 한양대의 경우에는 선발인원이 늘어나서 소폭 하락하는 입시의 전형적인 상황을 보여주고 있지만 정원 변동이 없었던 서강대 SK하이닉스 계약학과를 기준으로 살펴보면, 원래도 타 학과에 비해 높은 수준이었던 경쟁률이 더욱 치열해졌음을 알 수 있다. 이는 일시적 현상이 아니라, 이공계 인재들에 대한 사회적 보상 기대감이 실질적으로 반영된 결과이다.

삼성전자의 반도체 사업 역시 매우 고무적인 성과를 내고 있어, 삼성전자와 연계된 계약학과들을 포함한 전반적인 첨단 분야 계약학과의 인기가 급상승하고 있다. 이러한 열기는 일반 대학을 넘어 KAIST, DGIST, GIST, UNIST 등 주요 과학기술원의 경쟁률이 예년에 비해 대폭 상승하는 결과로 이어졌다. 이로써 지난 20년 넘게 한국 사회를 지배해왔던 공고한 의대 쏠림 현상에 드디어 유의미한 변화의 기류가 형성되기 시작했다.

2027학년도 대학입시부터는 그간의 흐름을 뒤엎고 의약학계열에 비해 이공계 강세 현상이 더욱 두드러질 것으로 전망된다. 이러한 변화의 중심에는 반도체 산업의 유례없는 호황과 그에 따른 파격적인 보상 체계가 자리 잡고 있다. 세계적인 투자사인 노무라 증권은 주가 전망 보고서를 통해 SK하이닉스의 영업이익이 2026년에는 99조 원, 2027년에는 128조 원에 달할 것이라는 파격적인 추정치를 발표하였다. 특히 2027년에는 세계 최대 파운드리 업체인 대만의 TSMC를 수익성 면에서 제치고 세계 1등 반도체 기업이 될 것이라는 전망까지 내놓으며 시장의 기대감을 높이고 있다.

이러한 기록적인 실적은 고스란히 구성원들의 보상으로 이어져, 영업이익의 10%를 성과급 재원으로 활용하는 원칙에 따라 신입사원조차 기본급과 성과급을 합쳐 연봉 1억 원을 훌쩍 넘기는 것은 물론 계산상으로는 2027년, 2028년에 2억 원, 3억원 도 가능한 상황이다. 드디어 이공계 연봉 3억 원 시대가 개막을 앞두고 있다.

이러한 기업 성장은 대한민국 학생들의 진로와 진학 지도에 전례 없는 변화를 가져오는 중이다. 과거에는 미국의 실리콘밸리 공대생들이 연봉 20만 달러에서 30만 달러를 받으며 채용된다는 이야기가 해외 뉴스에서나 접할 수 있는 먼 나라의 일로 여겨졌으나, 이제는 우리나라에서도 현실이 되고 있다. 실제로 영업이익의 10%를 성과급으로 지급하기로 한 SK하이닉스의 사례처럼, 기업의 성과가 직원들의 즉각적이고 막대한 보상으로 이어지기 시작하면서 이공계의 생애소득 기대치는 급격히 상승하고 있다.

삼성전자 등 다른 주요 IT·제조 기업들 역시 우수한 인재를 확보하기 위해 성과급 구조를 유연하고 파격적으로 바꿀 가능성이 매우 높다.

　이처럼 이공계의 생애소득 구조가 의약학계열과 견주어도 뒤처지지 않는 수준으로 재편됨에 따라, 학생들은 단순히 높은 수입과 안정성을 쫓아 의대로 향하던 관성에서 벗어나 자신의 적성과 흥미에 따라 진로를 결정하는 것이 가능해졌다. 반도체에서 시작된 이 열기는 인공지능(AI), 로봇 등 고부가가치를 창출하며 재미까지 겸비한 첨단 분야로 확산되고 있다. 바야흐로 대한민국 인재 지형의 대전환이자, 이공계의 '슈퍼싸이클'이 본격적으로 막을 올리고 있는 것이다.

미국, 영국 고용 트렌드

- AI시대, '인간 고유성'이 돈이 된다 -

변화가 너무 빠르다. 챗GPT로 대변되는 AI가 등장한 지 5년이 채 되지 않았다는 것이 믿기 어려울 정도로 인공지능은 삶에 깊게 파고들어 많은 것을 바꾸어 놓았다. 앞으로의 5년은 또 어떤 큰 변화가 있을지 짐작조차 어렵다. 내가 이런 불확실한 단기 미래의 변화를 읽어내는 데 유용하게 사용하는 자료는 링크드인에서 매년 선정해서 발표하는 유망직종 Jobs on the Rise 순위이다. 링크드인은 알다시피 비즈니스와 커리어를 위해 특화된 세계 최대의 전문직 소셜 플랫폼으로, 실시간 고용 데이터와 업계의 통찰로 가득하다. 링크드인의 유망직종 순위는 단순한 추측이 아니라 수백만 명의 실제 채용 및 이직 데이터를 기반으로 산출된 결과물이다. 이는 기업이 실제로 자본을 투입해서 사람을 뽑고 있는 영역을 보여주므로, 시장의 자금이 어디로 흐르는지 가장 정확히 알려준다. 또한 이 순위는 전체 채용 인원수가 아니라 연평균 성장률을 기준으로 매겨지므로, 채용 공고가 가장 많다는 양적 의미보다는 '성장 속도가 가장 가파르고 시장의 방향성이 그곳을 향하고 있다'는 질적 의미가 더 크다. 2026년 1월에 발표한 '2026년 미국에서 가장 빠르게 성장하는 직업 Top 10'은 다음 표와 같다.

▨ 링크드인 선정 2026년 미국 유망직업 Top 10

순위	미국 Top 10
1	AI 엔지니어(Artificial Intelligence Engineer)
2	AI 컨설턴트 및 전략가(AI Consultant & Strategist)
3	신규 주택 판매 전문가(New Home Sales Specialist)
4	데이터 주석 전문가(Data Annotator)
5	AI/ 머신러닝 연구원(AI/ML Researcher)
6	의료비 상환 전문가(Healthcare Reimbursement Specialist)
7	전략 고문 및 독립 컨설턴트(Strategic Advisor & Independent Consultant)
8	광고 판매 전문가(Advertising Sales Specialist)
9	창업자(Founder)
10	영업 이사(Sales Executive)

　　자본주의의 정점인 미국 시장의 2026년 유망 직업 순위는 AI 기술의 내재화와 더불어, 부동산 및 의료 등 전통적인 고부가가치 산업의 전문성이 결합된 양상을 띠고 있다. 이는 인공지능이 산업의 변두리에서 중심으로 이동하며 일자리의 성격 자체를 근본적으로 바꾸고 있음을 증명한다. 가장 먼저 눈에 띄는 변화는 인공지능 생태계가 단순히 기술을 개발하는 단계를 넘어 실무 운영 영역으로 깊숙이 확장되었다는 점이다. 과거에는 기

술을 설계하는 엔지니어와 연구원이 주목받았다면, 이제는 그 기술을 비즈니스 전략에 심는 컨설턴트와 알고리즘의 정확도를 높이기 위해 방대한 데이터를 검수하는 실무자들이 고용 시장의 핵심축으로 부상했다. 이는 인공지능이 더 이상 미래의 가능성이 아닌, 현재의 거대한 실무 고용 시장을 형성하는 인프라가 되었음을 시사한다.

동시에 기술의 파고가 높을수록 오히려 인간 고유의 상담 능력과 책임이 동반되는 직무의 가치는 더욱 공고해지는 역설이 관찰된다. 평생의 가장 큰 자산인 주택을 거래하는 전문가나 복잡한 의료비 상환 시스템의 빈틈을 메우는 행정직이 여전히 상위권에 포진한 것이 그 증거이다. 이는 아무리 뛰어난 알고리즘이라 하더라도 고도의 의사결정과 법적 책임, 그리고 인간적인 신뢰가 필요한 영역에서는 전문가의 존재가 필수적임을 보여준다. 단순 반복 업무는 기계가 대체하되, 고관여 상품의 설득과 복잡한 제도적 조율은 인간의 손을 더욱 거치게 되는 이원화 구조가 뚜렷해지고 있다.

이러한 지형 변화의 끝에서 발견되는 가장 중요한 흐름은 커리어의 주도권이 조직에서 개인으로 이동하고 있다는 사실이다. 유망 직종 상위에 랭크된 독립 컨설턴트와 창업자들의 존재는 평생직장의 개념이 사라진 자리에 자신의 전문성을 무기로 삼는 주체적인 개인들이 들어서고 있음을 알린다. 이제 인재들은 특정 조직의 부품이 되기보다 스스로 브랜드를 구축하고 시장과 직접 소통하며 가치를 증명하는 방식을 택한다. 결국 향후 고용 시장은 인공지능이라는 거대한 파도를 도구로 삼으면서도, 기계가 가질 수 없는 인간만의 고유한 설득력과 전문성을 발휘하는 '주도적인 개인'들의 무대가 될 것을 예고하고 있다.

다음 표는 링크드인 선정 영국의 유망 직업을 나타내고 있다. 영국의 고용 시장은 인공지능을 단순한 도구로 활용하는 단계를 지나, 조직의 핵심 전략으로 통합하고 인력을 재교육하는 방향으로 급격히 재편되는 추세다.

▨ 링크드인 선정 2026년 영국 유망직업 Top 10

순위	영국 Top 10
1	AI 엔지니어(Artificial Intelligence Engineer)
2	AI 총괄(Head of AI)
3	강사(Lecturer)
4	전략 고문(Strategic Advisor)
5	투자 중개인(Investment Broker)
6	보험 총괄(Head of Insurance)
7	택배원(Courier)
8	창업자(Founder)
9	건물 검사관(Building Inspector)
10	머신러닝 연구원(Machine Learning Researcher)

2026년 영국 고용 시장의 유망 직업은 기술적 혁신 그 자체보다, 그 혁신을 조직 내에 어떻게 안착시키고 사회적으로 전파할 것인가에 대한 고민을 투영하고 있다. 미국이 AI의 실무 운영과 현장 영업력에 집중하는 양상을 보인다면, 영국은 인공지능을 조직의 핵심 전략으로 통합하고 이에 발맞춰 인력을 재교육하는 '관리와 교육'의 가치에 더 큰 무게를 두는 모습이다. 특히 인공지능 총괄 Head of AI 이나 전략 고문과 같은 직무가 최상위권에 오른 것은, 영국 기업들이 기술 도입의 속도보다는 그 과정에서의 보

안, 윤리적 책임, 그리고 비즈니스 목표와의 정교한 일치성을 우선순위에 두고 있음을 시사한다.

이러한 관리 중심의 흐름은 필연적으로 교육 분야의 폭발적인 수요로 이어진다. 급격한 기술 변화로 인해 기존 인력이 보유한 역량의 유효 기간이 짧아지면서, 새로운 시대에 필요한 지식을 전수하고 커리어의 방향을 잡아줄 강사와 전략 고문의 역할이 어느 때보다 중요해졌다. 이는 단순히 지식을 전달하는 수준을 넘어, 불확실성이 지배하는 시장에서 개인과 조직이 나아갈 길을 안내하는 '가이드'로서의 수요가 반영된 결과이다. 결국 영국 시장은 기술이 가져올 혼란을 학습과 전략으로 극복하려는 대응 방식을 보여주고 있다. 동시에 이는 최근 영국 내 교사들의 낮은 급여 문제로 인한 인력 이탈 현상이 심화되면서 교육 현장의 공백을 메우기 위한 수요가 급증한 현실적 배경과도 맞물려 있다.

영국의 고용 지형에서 흥미로운 지점은 첨단 기술과 기초적인 현장 노동이 공존하고 있다는 사실이다. 1위인 AI 엔지니어와 10위의 머신러닝 연구원이 각각 기술의 구현과 고도화라는 기술적 토대를 탄탄히 받치고 있는 사이, 그 중간 지점인 7위에는 택배원Courier이 이름을 올리고 있다. 이는 디지털 전환이 가속화될수록 역설적으로 물리적 연결의 가치는 더욱 공고해진다는 것을 의미한다. AI가 구매 의사결정을 돕고 물류 경로를 최적화할 수는 있지만, 최종 소비자에게 물건을 직접 전달하는 책임은 여전히 인간의 노동력에 의존하기 때문이다. 가장 첨단화된 사회일수록 기초적인 물리적 서비스가 실물 경제를 지탱하는 필수 축임을 보여주는 대목이다. 종합해 보면 2026년 영국의 고용 시장은 AI 기술의 연구와 구현이라는 기술적 기반 위에, 이를 가치 있게 작동시키는 책임 관리자, 그리고 디지털의 결과물을 현실로 연결하는 현장 전문가들이 상호보완적으로 얽혀 있는 구조를 띠고 있다.

미국과 영국의 뜨는 직업들이 그려내는 지형도는 결국 우리에게 한 가지 거대한 질문을 던진다. 인공지능이 산업의 인프라로 자리 잡은 세상에서, 우리는 기술에 매몰될 것인가 아니면 그 기술을 딛고 올라설 것인가. 직업 순위가 보여주는 가장 뚜렷한 변화는 역설적이게도 '인간 고유의 전문성'이 가장 강력한 자본이 되는 세상이 오고 있다는 사실이다. 미국의 주택 판매 전문가나 영국의 강사, 전략 고문이 상위권에 포진한 현상은 시사하는 바가 크다. 복잡한 이해관계를 조정하고, 타인에게 영감을 주며, 책임 있는 의사결정을 내리는 일은 알고리즘이 결코 흉내 낼 수 없는 영역이다. 이제 시장은 단순히 지식을 많이 가진 사람이 아니라, 기술이 제공하는 데이터 사이에서 인간적인 신뢰와 통찰을 이끌어내는 인재를 더욱 강력히 갈구하고 있다.

이러한 무형의 가치는 현실 세계의 '물리적 실체'와 만날 때 더욱 극명해진다. 머신러닝 연구원이 보이지 않는 지능의 세계를 설계하는 동안, 택배원은 묵묵히 소포를 나르며 우리 삶의 네트워크를 세세히 잇는다. 이는 미래 사회가 결코 디지털로만 치환되지 않음을 보여주는 명확한 증거다. 아무리 정교한 지능 시스템도 소비자의 문 앞까지 닿는 소위 '라스트 마일 Last Mile'이라 불리는 마지막 발걸음을 대신할 수 없다. 결국 우리가 마주할 세상은 가장 첨단화된 지능과 가장 기초적인 육체노동이 서로를 지탱하며 돌아가는 거대한 '하이브리드 생태계'인 셈이다. 최소 당분간은 말이다.

이 모든 흐름의 끝에는 결국 '개인의 주도성'이라는 커다란 숙제가 남는다. 두 나라 모두에서 창업자와 독립 컨설턴트가 부상했다는 사실은 평생직장이라는 구시대의 직업관이 이미 효력을 다했음을 선언한다. 이제 개인은 거대한 조직의 부속품으로 머무는 대신, 스스로를 브랜드화하고 자신의 전문성을 무기로 삼아 시장과 직접 마주해야 한다. 이는 누군가에게는 끝없는 불확실성이겠지만, 준비된 이들에게는 조직의 울타리를 넘어 무한한 가능성으로 확장되는 새로운 자유의 기회가 될 것이다.

결국 뜨는 직업을 통해 본 세상은 기술의 옷을 입은 인간이 여전히 주인공으로 서는 무대이다. 변화의 속도는 짐작조차 어렵지만, 인공지능이라는 거대한 파도를 타는 힘은 결국 스스로 길을 만드는 주체적인 의지에 달려 있다. 챗GPT가 열어젖힌 지난 몇 년의 소회가 그러했듯, 다가올 5년은 기술에 대한 두려움이 아닌 인간만이 만들 수 있는 새로운 세상을 기대하게 한다.

AI가 의사, 변호사를 대체한다?
전문직 걱정은 시기상조인 이유

2026년 전미경제학회 연차총회 '미국 노동시장의 현주소' 세션에서 윌리엄 비치 전 미국 노동통계국장은 충격적인 선언을 했다. 그는 "앞으로 법조계로 절대 진로를 정하면 안 된다"고 강조했다. 로펌들이 더 이상 신입변호사를 뽑지 않고, 복잡한 조사업무를 인공지능 AI에게 맡기기 시작했기 때문이다. 국내 언론들은 이를 '문과 전문직 사망선고'라는 자극적인 제목으로 대대적으로 보도하며 공포를 확산시켰다.

여기에 불을 지핀 것은 이 시대의 혁신가로 불리는 일론 머스크였다. 그는 유명 팟캐스트에 출연해 휴머노이드 로봇이 3년 뒤면 외과의사를 능가하는 정교함을 갖추게 될 것이라고 주장했다. 그는 "더 이상 의대에 가는 것은 의미가 없다"며 온 세상을 놀라게 했다. 본인이 직접 정교한 로봇 '옵

티머스'를 개발하고 있기에 그의 발언은 단순한 예상을 넘어 현실적인 위협으로 다가왔다. 2022년 챗GPT 등장 이후 불과 몇 년 만에 세상이 급변한 것을 목격한 대중에게 머스크의 말은 거부할 수 없는 미래처럼 느껴졌다. 특히 의대 진학이 전 국민적 목표가 된 한국 사회에서 이 논란은 더욱 뜨거웠다. 많은 이들이 묻는다. 과연 AI 때문에 의사와 변호사는 사라질까?

결론부터 말하자면, 기술적으로는 충분히 가능한 시나리오일지 모르나 현실적으로 단기간에 그런 일은 일어나지 않는다. 전문직은 단순히 '기술을 가진 사람'이 아니라, 국가 운영을 위해 법적으로 독점적 지위를 보장받는 집단이기 때문이다. 즉, 그들은 실력도 실력이지만 실력 이전에 '법'에 의해 보호받는다.

우리나라 의료법 제27조는 "의료인이 아니면 누구든지 의료행위를 할 수 없다"고 명시하고 있다. 의사의 권위와 고소득은 바로 이 한 문장에서 나온다. 아무리 정교한 라식 기계가 나와서 안과 수술의 전 과정을 자동화하더라도, 법에 따라 반드시 의사의 관리 감독이 있어야만 그 행위는 합법이 된다. 법이 타인의 진입을 원천적으로 막아주기에 전문직은 여전히 안정적인 직업으로 남는다.

변호사의 경우도 마찬가지다. 지금은 채용 방식의 혼란기일 수 있지만, AI가 변호사를 완전히 대체하려면 헌법 제12조가 보장하는 '변호인의 조력을 받을 권리'와 변호사법 자체를 폐지해야 한다. 형사소송법, 민사소송법 등 수많은 법체계를 통째로 뜯어고쳐야 하는 일이다. 무엇보다 법을 바꾸는 국회의원 상당수가 율사 출신이다. 퇴임 후 본인들의 생계를 책임질 법조계를 AI로 대체하는 법안을 그들이 발의하거나 통과시킬 리 만무하다. 여기에 막강한 영향력을 지닌 변호사협회의 저항까지 고려하면 성벽은 더욱 견고해진다.

결국 기술적 진보는 거스를 수 없는 대세이지만, 그 기술이 현장에 적용되는 방식은 반드시 '인간' 의사나 변호사가 배석하는 형태가 될 것이다. 먼 미래에 인류가 상상할 수 없는 특이점에 도달해 법이 자연스레 바뀌는 시대가 올 수도 있겠지만, 최소한 지금 대학에 진학하는 학생들이 사회에 나갈 때까지는 어림없는 일이다. 이것은 기술의 문제가 아니라 인간사의 문제이기 때문이다.

다시 의사 문제로 돌아가 보자. 현재의 기술 발전 속도를 고려하면, 3년 뒤 전 세계 최고 외과의들의 지식을 집대성한 AI와 최첨단 센서로 무장한 휴머노이드 로봇이 등장한다는 시나리오는 충분히 실현 가능한 영역이다. 나 역시 그러한 기술적 진보 자체는 믿어 의심치 않는다. 하지만 기술이 완성된다고 해서 곧바로 로봇이 수술대의 단독 주인공이 되는 것은 아니다. 설령 로봇이 정교하게 수술을 집도하더라도, 그 곁에는 반드시 인간 의사가 실시간으로 상황을 통제하며 최종적인 판단과 책임을 지는 구조가 유지될 것이다.

이러한 예측은 막연한 추측이 아니라 과거의 전례가 증명한다. 2002년 춘천시 보건소에서 시행된 원격진료 시스템을 떠올려 보라. 우리나라 원격 영상진료의 시초는 무려 1988년 서울대병원과 연천군 사이의 시범사업으로 거슬러 올라간다. 기술은 이미 수십 년 전부터 준비되어 있었다. 하지만 2010년 의사-환자 간 원격의료를 허용하려던 의료법 개정안은 의사협회의 강력한 반발로 무산되었고, 2014년 박근혜 정부가 추진했던 정책역시 의사들의 대규모 총파업과 집단 휴진이라는 벽을 넘지 못했다.

그로부터 또 십여 년이 흘러 이제는 AI를 논하는 시대가 되었음에도 불구하고, 원격의료는 여전히 우리 사회에서 온전히 자리 잡지 못하고 있다. 심지어 이는 의사가 주도하는 협진 형태였음에도 제도적 문턱을 넘는 데 실패했다. 그런데 하물며 로봇이 의사의 일자리를 완전히 대체한다는 것이 가당키나 한 이야기일까? 현실적으로 대단히 어려운 일이다.

오히려 정교한 외과 수술 로봇의 등장은 의사를 퇴출하는 것이 아니라, 의사의 관리 감독하에 사용되는 강력한 생산성 도구로 안착할 가능성이 높다. 결과적으로 AI와 로봇을 능숙하게 다뤄 생산성을 극대화한 의사와 변호사들이 그렇지 못한 이들을 대체하며 더 큰 부를 거머쥐는 '전문직 내부의 양극화'가 심화될 것이다.

결국 전문직은 기술의 발전 속도와 상관없이 법과 제도라는 성벽 안에서 보호받으며 가까운 미래에 쉽게 사라지지 않을 것이다. 이는 교사나 공무원 조직도 마찬가지다. 진정한 위협은 AI나 로봇의 등장보다 인구감소가 훨씬 더 큰 위협일 수 있다.

이제 우리는 이 현상의 이면에 숨겨진 진짜 위협이 무엇인지, 그 시사점을 냉철하게 파헤쳐야 한다. AI와 로봇의 공습은 모든 직업에 공평하게 닥치지 않는다. 앞서 살펴본 전문직들이 법과 제도의 성벽 안에서 시간을 벌고 있는 사이, 그 성벽 바깥에 있는 평범한 보통 사람들의 일자리는 이미 소리 없이, 그러나 아주 빠른 속도로 무너지고 있기 때문이다.

실제로 AI의 급격한 발달은 이미 우리 주변의 풍경을 바꾸어 놓았다. 창의성의 영역이라 믿었던 일반 디자이너의 업무를 AI가 대신하고 있으며, 기업 내부의 기획자나 행정 사무 인력의 역할도 인공지능이 빠르게 대체하고 있다. 도로 위에서는 자율주행 기술이 택시 운전사의 자리를 위협한다. 이뿐만이 아니다. 휴머노이드 로봇의 진화는 이제 물리적 노동의 현장까지 침투하고 있다. 얼마 뒤면 식당의 요리사, 편의점의 계산원, 길거리의 청소원마저 로봇으로 교체될 것이다.

여기서 우리가 직시해야 할 슬픈 진실이 있다. AI와 로봇이 가장 먼저 집어삼키는 일자리들은 나를 대신해 목소리를 높여줄 강력한 직역 단체도, 사측과 협상할 노조도, 진입 장벽을 만들어 줄 국가자격증이나 면허도 없는 '보통 사람'들의 영역이라는 점이다. 법적 보호막이 없는 이들은 기술의 파도에 무방비로 노출되어 있다.

최근 현대자동차 노조가 생산 라인에 투입되는 휴머노이드 로봇 '아틀라스 Atlas' 도입을 두고 사측과 대립하며 논의를 이어가는 상황은 이러한 현실을 보여주는 사례다. 강력한 조직력을 갖춘 노조는 로봇 도입이 노동 숙련도와 고용에 미칠 영향을 고려해 단체 행동과 협상을 통해 대응하고 있다. 그러나 이러한 협상의 울타리조차 없는 수많은 하청업체 노동자나 일반 사무직, 서비스직 종사자들은 변화의 흐름을 개인적으로 감당해야 하는 처지다.

거대 노조나 이익 단체가 있는 곳은 기술 도입 과정에서 협상 테이블이라도 차려지지만, 조직적 대응 수단이나 법적 보호 장치가 없는 대다수 보통 사람은 저항이나 조정의 기회 없이 일터에서 밀려날 가능성이 크다. 전문직들이 관련 법령과 면허 제도를 통해 진입 장벽을 유지하며 변화 속도를 조절하는 동안, 보호 장치가 없는 평범한 노동자들은 기술 혁신에 따른 직무 대체 현상을 가장 먼저, 그리고 가장 직접적으로 마주하고 있는 것이다.

따라서 지금 우리가 정작 걱정해야 할 것은 기득권을 가진 전문직의 안위가 아니다. 대한민국에서 평균적인 교육을 받고 성실하게 살아온 대다수 학생이 차지해왔던 그 평범한 일자리들이 통째로 사라지고 있다는 사실에 전율해야 한다. 과거의 성공 방정식, 즉 남들이 하는 만큼 공부하고 지식을 암기하여 평균적인 인재가 되는 교육은 이제 유효기간이 끝났다.

이 위태로운 상황 속에서 우리 아이들에게 무엇을 가르치고 준비시킬 것인가를 이제는 국가적 차원에서, 그리고 부모의 입장에서 치절하게 고민해야 한다. 인공지능이 정답을 내놓고 로봇이 숙련도를 대신하는 시대에, 과거와 같은 지식 축적 위주의 교육은 더 이상 아이들의 무기가 될 수 없다. 낡은 교육의 틀을 과감히 부수고, 기계가 흉내 낼 수 없는 인간 고유의 비판적 사고와 창의성, 그리고 기술을 도구로 부릴 줄 아는 능력을 길러주는 혁신을 단행해야만 한다. 시대의 변화를 읽지 못하고 기존의 방식을 고집한다면, 우리 아이들이 설 자리는 어디에도 남지 않을 것이다. 지금 당장 교육의 패러다임을 완전히 바꾸어야 한다. 그래야 비로소 우리 아이들이 산다.

2028 대입 격변
- 서울대와 경희대가 우리에게 던지는 질문 -

2028학년도 대학입시는 대한민국 교육사에 있어 단순한 제도 변경 그 이상의 의미를 갖는다. 2028학년도 대학입시는 2022 개정 교육과정이 전면 도입되어 이를 이수한 학생들이 처음으로 대입을 치르는 해이자, 통합형 수능, 내신 5등급제, 그리고 고교학점제라는 세 가지 거대한 변화가 동시에 맞물려 돌아가는 시점이기 때문이다. 20년 만에 바뀌는 내신 체계와 문·이과 구분이 사라지는 수능 구조 속에서 대학들이 어떤 새로운 잣대를 들이댈지는 현재 모든 학생과 학부모에겐 초미의 관심사다.

하지만 그 이면에는 고교학점제가 지향하는 '선택의 자유'와 내신 5등급제가 유지하는 '상대평가의 변별력'이 충돌하는 등 해결해야 할 과제들이 산재해 있다. 실제로 국가교육위원회 내부에서도 이러한 입시 구조의 모순을 지적하며, 본격적인 시행 전까지 제도를 개선해야 한다는 논의가 치열하게 이어질 정도로 현장은 혼란스러운 상태다. 이러한 불확실성 속에서 가장 먼저 구체적인 로드맵을 제시한 서울대학교와 경희대학교의 전형 계획안은 향후 입시의 향방을 가늠할 결정적인 이정표가 된다.

서울대학교 _
수능의 영향력을 거두고 학교 교육을 세우다

먼저 서울대학교의 2028학년도 입시안을 들여다보면 그 핵심 철학은 수능의 절대 권력을 내려놓고 '학교 교육의 정상화'를 전면에 내세운 것으로 요약할 수 있다. 서울대는 수능을 점수 1~2점으로 아이들을 줄 세우는 도구가 아니라, 대학 수학에 필요한 최소한의 소양을 확인하는 '자격 고사'에 가깝게 활용하겠다는 의지를 분명히 했다. 가장 파격적인 변화는 수시 지역균형전형에서 나타난다. 서울대는 이 전형에서 오랜 시간 유지해 온 수능 최저학력기준을 전격 폐시하기로 결정했다. 그동안 내신은 완벼하지만 수능 최저를 맞추지 못해 서울대 지원을 포기했던 수많은 일반고 학생들에게 새로운 기회의 문이 열린 셈이다. 또한 학교별 추천 인원을 기존 2명에서 3명으로 확대하여 일반고 중심의 선발 취지를 더욱 공고히 했다.

하지만 수능 등급과 내신 숫자의 변별력이 약해진 만큼, 서울대는 수시 일반전형에서 '면접'의 중요성을 그 어느 때보다 강조하고 있다. 일반전형에서는 단순히 서류에 적힌 활동을 확인하는 수준을 넘어, 학업 역량을 심층적으로 검증하는 면접이 합격의 결정적 열쇠가 된다. 1단계에서 서류로 2배수를 선발한 뒤 2단계 면접 점수를 50%나 반영하는 구조는, 정답을 맞히는 능력보다 문제를 풀어나가는 사고의 깊이를 평가하겠다는 서울대의 방침이다.

2028학년도 서울대학교 정시모집의 눈에 띄는 변화는 1단계 선발 방식의 전면적인 개편이다. 가장 구체적인 변화는 1단계 합격자를 가릴 때 수능 성적을 반영하는 방식이다. 이전에는 국어, 수학, 탐구 영역의 표준점수에 과목별 가중치를 매긴 후 점수가 높은 순서대로 선발했으나, 2028학년도부터는 수능 등급을 활용하여 1단계 합격자로 3배수를 선발한다. 즉, 수능 시험에서 일정 등급 이상을 받아 '수학 능력이 검증된'학생들을 한꺼번에 1단계 통과자로 분류하겠다는 의도다. 이 정시의 변화가 갖는 의미는 다음과 같이 대단히 크고 중요하다.

첫째로, 수능의 절대적인 변별력이 약화된다. 기존에는 수능에서 단 한 문제를 더 맞히느냐 마느냐가 서울대 합격의 당락을 결정했지만, 이제는 등급 기준만 충족하면 모두 동일한 선상에서 1단계를 통과하게 된다. 수능 점수가 조금 부족하더라도 등급 컷 안에만 들면 서울대 문턱에 발을 들일 수 있게 된 것이다.

둘째로, 변별력의 무게추가 2단계의 '교과역량평가'로 완전히 이동한다. 1단계를 통과한 3배수의 인원들이 2단계에서 맞붙을 때, 가장 결정적인 잣대는 수능 점수가 아니라 고교 3년 동안의 학교생활 기록이다. 2단계 배점 100점 중 교과역량평가가 차지하는 비중이 40점(의학계열 등은 20점)에 달하는데, 이는 수능 위주 전형임에도 불구하고 "학교 수업을 등한시하고 수능 공부만 한 학생은 절대 뽑지 않겠다"는 서울대의 단호한 메시지다.

셋째로, 공교육 정상화를 향한 대학의 의지가 담겨 있다. 정시에서조차 학생부를 깊이 있게 들여다보고, 특히 지원한 전공과 관련된 과목을 얼마나 도전적으로 선택했는지, 수업 시간에 어떤 태도를 보였는지를 평가에 반영하겠다는 설계다.

결국 이러한 변화에 대처하기 위해서는 정시를 준비하는 학생이라 하더라도 3학년 2학기까지의 학교 수업과 수행평가, 탐구 활동을 절대 포기해서는 안 된다. 이제 서울대 정시는 '수능 실력'이라는 입장권을 들고 '고교 3년의 충실함'이라는 본선 경기에서 승부를 내는 구조로 재편되었다.

경희대학교 _
고교학점제 최적화, 학생의 선택에 날개를 달다

반면 경희대학교는 서울대와는 조금 다른 전략적 행보를 보인다. 경희대 역시 고교학점제의 취지를 살려 학생들이 성적에 대한 공포 없이 원하는 과목을 소신 있게 선택하도록 배려하고 있지만, 평가의 안정성을 위해 수능을 적극적으로 활용하는 모습이다.

경희대의 학생부교과전형(지역균형)은 내신 5등급제 도입에 따른 변별력을 보완하기 위해 교과 종합평가를 30% 반영하며, 탐구교과(사회,과학)의 진로선택과목에서 상대평가 등급과 절대평가 성취도 중 학생에게 더 유리한 성적을 반영해 수기로 했나. 예를 들어 어러운 과목을 선택헤 석차 등급은 2등급이 나왔더라도 성취도가 A라면 이를 1등급으로 인정해 주는 방식이다.

경희대 대표 전형으로 불리는 학생부종합전형인 네오르네상스 전형에서는 기존 면접형 외에 '서류형' 전형을 신설했는데, 이 전형은 학생부 교과 석차등급을 아예 반영하지 않고 절대평가 성취도와 세부능력 및 특기사항을 활용하여 평가하는 파격적인 설계를 취했다. 하지만 여기서 서울대와 결정적인 차이가 발생한다. 서울대가 수시 지역균형전형 수능 최저를 없앤 것과 대조적으로, 경희대는 신설된 학생부종합(서류형) 전형에 수능 최저 학력기준을 새롭게 적용하기로 했다. 내신 숫자의 변별력이 사라진 자리를 수능이라는 안전장치로 보완하겠다는 의도다. 여기서 서울대와 경희대의 입장이 선명하게 갈린다. 서울대가 전교 최상위권이라는 학교 측의 추천을 믿고 과감히 수능 최저를 걷어낸 반면, 경희대는 지원하는 점수대 학생들의 학교 간 학력 차이를 무시할 수 없는 현실을 고려해 수능이라는 객관적인 검증 도구를 다시금 활용한 것이다.

정시전형에서도 경희대는 수능 100%로 선발하는 수능형과 더불어 수능 90%와 학생부 10%를 합산하는 '수능·학생부형'을 신설하여, 고교 3학년 2학기까지 학교생활을 충실히 마친 학생을 우대하겠다는 방향을 제시했다.

학부모들에게 던져진 새로운 과제

입시 현장에서 흔히 쓰이는 신조어 '학군지'라는 표현은 교육 열기가 높고 유명 학원가가 밀집되어 수능 준비에 유리하다고 알려진 특정 지역들을 일컫는다. 그동안 많은 학부모는 치열한 내신 경쟁을 감수하더라도 아이의 수능 실력을 키우기 위해 소위 '학군지' 진입을 꿈꿔왔다. 자녀를 위해 세 번이나 이사를 했다는 '맹모삼천지교'의 마음이야 학부모라면 누구나 공감하겠지만, 최근의 입시 변화는 이러한 흐름에 커다란 균열을 내고 있다.

실제로 최근 교육 특구라 불리는 강남 지역의 일부 광역단위 자율형사립고가 신입생 모집에서 미달 사태를 겪는 것은 매우 상징적인 변화다. 이는 내신 성적 확보가 입시의 절대적인 변수가 되면서, 경쟁이 극심한 학교에 진학하는 것이 오히려 불리할 수 있다는 학부모들의 현실적인 계산이 반영된 결과로 풀이된다. 2028 대입 개편안은 이러한 고민을 더욱 깊게 만든다. 서울대가 정시모집 일반전형에서조차 교과역량평가를 40점이나 반영하기 시작하면서, 이제 학군지에서의 어중간한 내신은 정시에서조차 커다란 걸림돌이 될 수 있기 때문이다.

반대로 비학군지 일반고에서는 수시 지역균형전형의 수능 최저학력기준 폐지가 강력한 기회로 작용한다. 서울대가 수시 지역균형전형에서 수능 최저기준을 적용하지 않기로 함에 따라, 내신 관리가 비교적 수월한 학교에서 최상위권을 유지하는 것이 서울대 합격을 위한 훨씬 현실적인 경로가 되었다. 경희대 역시 정시에서 수능 성적 90%에 학생부 교과 및 비교과 10%를 합산하는 전형을 신설하며 학교생활의 성실도를 정시 합격의 주요 변수로 두었다.

여기에 새롭게 시행되는 '지역의사제'는 학부모들의 판단 기준을 근본적으로 흔들어 놓고 있다. 확정된 법령에 따르면 비수도권뿐만 아니라 경기·인천 지역의 의과대학 역시 지역의사 선발 의무 지역에 포함된다. 이에 따라 서울과 인접한 구리, 남양주, 인천 등의 수도권 고등학교 졸업자들에게도 새로운 기회가 열리면서 입시 셈법이 한층 복잡해졌다. 학비를 지원받는 대신 10년간 해당 지역에서 의무복무하는 소선이지만, 의대 진학이 지칠 줄 모르는 목표가 된 상황에서 이는 놓칠 수 없는 매력적인 통로다.

이제는 무리하게 서울 학군지로 진입하여 치열한 경쟁 속에 아이를 내몰기보다, 거주지의 이점을 살리는 것이 훨씬 영리한 선택이 될 수 있다. 과거처럼 이름난 학원가를 찾아 멀리 떠날 것이 아니라, 아이가 매일 수업을 듣는 현재 학교의 내신을 완벽히 챙기면서 우리 지역 학생에게만 주어진 특별한 전형을 공략하는 것이 합격을 향한 가장 빠른 지름길이기 때문이다. 학부모들은 이제 학군지라는 관성에서 벗어나, 우리 아이가 처한 현재의 교육 환경 속에서 최선의 입시 전략을 냉정하게 다시 짜야 한다.

학부모를 위한 2028학년도 대입 대처 로드맵

대학별로 발표한 입시 계획을 살펴보면 학부모가 주목해야 할 지점은 명확하다. 무엇보다 가장 먼저 선행되어야 할 일은 평소 아이의 적성과 꿈이 무엇인지 깊이 있게 들여다보는 것이다. 이제 대입은 단순히 점수에 맞춰 학과를 선택하는 것이 아니라, 아이의 진로와 연계된 과목 선택이 합격에 결정적인 영향을 미치기 때문이다.

특히 전공과 직결되는 핵심 과목 이수는 이제 선택이 아닌 필수적인 합격 요건임을 인지해야 한다. 서울대와 경희대 모두 자연계열에서 대학 학문 분야별 권장 과목 이수 여부를 정성평가와 가산점에 적극적으로 반영한다. 따라서 성적을 얻기 쉬운 과목만 찾아다니는 전략보다는, 아이의 꿈을 실현하기 위해 필요한 필수 과목을 정면 돌파하여 절대평가 성취도를 우선 확보하는 것이 가장 확실한 방법이다.

수능 성적에만 집중하는 소위 '정시 파이터'를 자처하는 학생이라 할지라도 3학년 2학기까지의 학교생활 기록과 관리에 소홀해서는 안 된다. 서울대는 정시 일반전형 2단계에서 교과역량평가를 40점이나 반영하며, 경희대 또한 정시에서 수능 성적 외에 학생부 교과와 출결, 봉사 등을 10% 합산하는 전형을 신설했다. 이는 수시 원서접수가 끝난 후 학교 수업을 가볍게 여기는 학생들을 상위권 대학들이 더 이상 선발하지 않겠다는 의지로 풀이된다.

마지막으로 수능 탐구 영역의 변화에 주목할 필요가 있다. 2028학년도는 모든 학생이 동일한 시험 문제를 치르는 통합형 수능이 도입되는 첫해다. 모든 학생이 문·이과 구분 없이 동일한 사회와 과학시험을 치르게 된다. 그럼에도 불구하고 경희대에서는 수능최저를 적용할 때 통합사회와 통합과학 중 상위 1과목만 반영하기로 한 점은 인상적이다. 이는 모든 학생들이 문이과 구별 없이 똑같은 시험을 본다는 개편 취지를 강조하기보다, 실제 입시 현장에서 학생이 느낄 학습 부담을 실질적으로 줄여주려는 대학 측의 노력으로 해석된다.

결국 2028학년도 대입의 정답은 '학교 수업'과 '수능' 중 하나를 선택하는 것이 아니라, 두 영역의 비중을 영리하게 조절하는 균형 감각에 달려 있다. 학부모는 이제 아이의 성적표에서 단순한 등급 숫자가 아니라, 지망 학과와 관련된 과목을 기피하지 않고 제대로 이수했는지 그 '선택의 흔적'을 먼저 확인해야 한다. 예를 들어 공대 지망생이라면 학교 수업 시간에 해당 과학과목이나 수학 심화 과목을 충실히 듣고 있는지 점검하고 격려해 주는 식이다. 학교 울타리 안에서 전공에 필요한 기본 역량을 차근차근 쌓고, 이를 바탕으로 수능이라는 실전 무기를 갖추는 것이 현재로서는 가장 확실한 입시의 활로다.

그런데 지금까지 숨 가쁘게 이야기한 것은 변화하는 입시 환경에 대응하기 위해 어쩔 수 없이 치러야 하는 대입 전형의 해설일 뿐이다. 읽기만 해도 가슴이 답답해 온다. 사실 학생들에게 내신과 수능, 그리고 각종 비교과 활동과 심층면접까지 어느 것 하나 빠짐없이 완벽하게 해낼 것을 요구하는 지금의 입시 상황이 과연 교육적으로 바람직한 방향인지에 대해서는 여전히 확신을 갖기 어렵다. 아이들이 각자의 소질을 발견하고 성장하기보다, 촘촘하게 설계된 전형의 틀에 자신을 맞추기 위해 모든 에너지를 쏟아야 하는 현실이 안타까운 것도 사실이다. 그럼에도 입시라는 현실의 파도를 넘어야 하는 학부모로서는, 대학이 보낸 선명한 신호들을 정확히 읽어내어 아이가 짊어진 부담을 조금이라도 덜어주고 가장 덜 지치며 나아갈 수 있는 길을 함께 고민해 줄 수밖에 없다.

대입, 취업, 효도를 한 번에!
대기업 보장 '채용형 계약학과'

학생들의 의대 쏠림 현상이 극심하다. 대학입시 결과를 살펴보면 서울대 의대를 시작으로 전국 모든 대학의 의예과 커트라인이 한 바퀴를 다 지나야 그다음으로 서울대학교 일반 학과의 커트라인이 형성되고 있는 상황이다. 의사라는 직업은 전 세계 어느 나라에서나 인기 있는 전문직임이 분명하지만, 유독 대한민국처럼 최상위권 인재들이 의대를 중심으로 일렬로 줄을 서는 현상은 해외에서도 찾아보기 드문 사례이며, 이제는 단순한 선호를 넘어 사회적 병폐 수준에 이르렀다.

최근 한 모임에서 철학자 최진석 교수는 미국에서 들은 유태인과 한국인의 비교 사례를 통해 우리 교육의 현주소를 들려주었다. 유태인이나 한국인이나 모두 우수한 잠재력을 가진 사람들이지만 그 결과에서 큰 차이가 나는 이유는 지향점이 다르기 때문이라는 것이다. 유태인 학생의 상위 1%는 우주, 환경 등 인류가 당면한 지구적 난제를 해결하고자 과감한 도전을 하지만, 한국 학생 상위 1%는 안정적인 삶을 보장받는 자격증 취득을 위해 공부한다는 말이었다. 이는 참으로 뼈아픈 이야기지만 오늘날 우리가 부정할 수 없는 분명한 현실이다.

의사가 똑똑하면 국민이 편한 것은 사실이다. 실력 있는 의료진을 통해 양질의 의료 서비스를 받을 수 있기 때문이다. 그러나 냉정하게 보면 의사는 새로운 부가가치를 창출하여 국가 경제의 파이를 키우는 직업은 아니다. 지금 우리가 이 정도의 경제 번영을 누리고 있는 것은 1970~1990년대에 가장 우수한 학생들이 물리학과나 전자공학과 등으로 진학하여 밤낮없이 연구에 매진하며 지금의 반도체 강국, 제조 강국을 만들었기 때문이다. 그렇기에 현재의 인재 편중 상황은 국가의 미래를 생각할 때 너무나 아쉽다.

만약 이처럼 우수한 학생들이 의약학 분야로 몰린다면, 이들을 미래 의학 연구나 신약 개발, 고부가가치 바이오 산업 등으로 유도힐 수 있는 국가적 전략이라도 있어야 할 텐데 현재는 그마저도 부재하다. 국가 경쟁력의 핵심이 될 우수 인재들이 그저 비필수 의료나 비보험이 가능한 미용 의료 쪽으로만 진로 목표를 잡고 있는 것이 작금의 씁쓸한 현실이다.

전 세계적으로 인재 영입 전쟁이 치열해지는 상황에서 국내 대기업들 또한 우수 인재 확보에 어려움을 겪고 있다. 이러한 문제를 해결하고자 정부의 첨단학과 증원 정책과 발맞추어 확대되고 있는 것이 바로 '채용형 계약학과'이다.

계약학과는 기업이 대학과 협약을 맺고 기업에 필요한 분야의 인재를 대학이 맞춤형으로 육성하는 제도이다. 기업은 우수 인재를 조기에 확보할 수 있어 좋고, 대학은 기업의 후원을 받으며 학령인구 감소 시대에 정원

외로 추가 인원을 선발할 수 있어 이득이다. 학생 또한 취업난이 심각한 시대에 입학과 동시에 선망의 대상인 대기업 취업이 보장되므로, 이는 참여 주체 모두에게 이익이 되는 보기 드문 '윈-윈Win-Win' 제도라 할 수 있다.

2026학년도 대학입시를 기준으로 이 분야에서 가장 앞서가고 있는 기업은 우리나라 대표 기업인 삼성전자이다. 삼성전자는 9개 대학에 10개 학과를 계약학과로 개설하여 520명을 선발하고 있으며, SK하이닉스는 3개 대학에서 3개 학과를 운영하며 100명을 선발하고 있다.

▨ 첨단 채용형 계약학과 시행 주요 대학 (2026학년도 대입 기준)

대학 No.	학과 No.	학교명	학과명	계약기업	인원 (명)
1	1	가천대	클라우드공학과	카카오엔터프라이즈	30
2	2	경북대	모바일공학전공	삼성전자	30
3	3	고려대	스마트모빌리티학부	현대자동차	50
	4		반도체공학과	SK하이닉스	30
	5		차세대통신학과	삼성전자	30
4	6	서강대	시스템반도체공학과	SK하이닉스	30
5	7	성균관대	반도체시스템공학과	삼성전자	70
	8		지능형소프트웨어학과	삼성전자	50
	9		배터리공학과	삼성SDI	30
6	10	숭실대	정보보호학과	LG유플러스	20
7	11	연세대	시스템반도체공학과	삼성전자	100
	12		디스플레이융합공학과	LG디스플레이	30
8	13	포스텍	반도체공학과	삼성전자	40
9	14	한양대	반도체공학과	SK하이닉스	40
10	15	DGIST	반도체공학과	삼성전자	30
11	16	GIST	반도체공학과	삼성전자	30
12	17	KAIST	반도체시스템공학과	삼성전자	100
13	18	UNIST	반도체공학과	삼성전자	40
총원					780

이처럼 제도 시행 불과 몇 년 사이에 13개 대학에서 총 18개 학과가 운영될 정도로 그 규모가 빠르게 커졌다. 대학의 설립 형태나 기업마다 지원 혜택은 조금씩 다를 수 있으나, 기본적으로 재학 기간 등록금 전액 지원은 물론 해외 연수와 인턴십 제공, 그리고 생활비 지원 등 실로 엄청난 혜택이 제공된다.

무엇보다 큰 매력은 졸업 후 특별한 결격 사유가 없다면 해당 기업으로의 채용이 확실히 보장된다는 점이다. 기업으로부터 혜택을 받은 만큼 취업 후 4년간의 의무 근무가 요구되지만, 높은 연봉과 보너스를 받는 선망의 기업에 연구개발직을 보장받고 곧바로 취업하는 것이기에 학생들에게는 큰 부담이 되지 않는다. 이러한 강점 덕분에 2026학년도 대학입시에서 계약학과는 의대 못지않은 인기를 누렸다.

학생들은 기업의 경영 상태나 실적에도 매우 민감하게 반응한다. 실질적인 보상이 높은 현대자동차나 최근 실적이 우수한 SK하이닉스 관련 계약학과가 큰 인기를 얻은 것이 그 증거이다. 특히 이러한 경제적 혜택은 학생 개인의 장래를 넘어 가정 경제에도 실질적인 보탬이 된다. 입학과 농시에 등록금 걱정에서 완전히 해방되는 것은 물론, 매달 지급되는 생활비를 통해 대학생 시절부터 부모님께 손 벌리지 않고 스스로 경제적 독립을 이룰 수 있기 때문이다. 이는 취업난 시대에 자녀의 앞날을 걱정하는 부모님에게 가장 큰 효도가 되는 셈이다.

다만 향후 기업들이 계약학과 규모를 대거 늘리게 된다면, 대기업이 명문대 학생들을 지나치게 선점하게 되거나 계약학과를 거치지 않으면 해당 기업 취업이 어려워지는 등의 부작용도 예상된다. 또한 파격적인 조건에만 이끌려 본인의 적성을 간과해서는 안 된다. 계약학과는 고차원의 수학과 물리를 다루는 공학 커리큘럼이 4년 내내 빡빡하게 이어지기 때문에, 본인이 이러한 학업 과정을 즐겁게 소화할 수 있는지 냉철하게 따져보는 과정이 선행되어야 한다.

결론적으로 현재로서는 선발 인원이 지나치게 과도한 수준은 아니며, 학생들이 취업 스트레스 없이 학업과 대학 생활에 온전히 집중하며 동기들과 깊은 유대감을 쌓을 수 있다는 점에서 긍정적인 면이 훨씬 많다. 남의 시선이나 대학의 간판보다 자신의 행복과 실질적인 진로를 우선시하는 수험생들에게 계약학과는 대입과 취업, 그리고 경제적 효도라는 세 마리 토끼를 한꺼번에 잡을 수 있는 최고의 선택지가 되고 있다.

군대가 달라졌다

장교 임관에 취업까지,
'군 의무복무형 계약학과'

앞서 기업들이 대학과 계약을 맺고 첨단 분야의 인재를 조기 확보하는 채용형 계약학과가 빠른 속도로 늘어나고 있으며, 학생들 사이에서 큰 인기임을 살펴보았다. 이러한 계약학과는 기업뿐만 아니라 공공 영역으로도 확대되고 있는데, 대표적인 사례가 바로 군의무복무형 계약학과이다. 이는 크게 기술계약학과와 군사학과로 구분된다.

기술계약학과는 군에 필요한 첨단 기술 전문성을 갖춘 인재를 양성하기 위해 대학과 계약을 맺고 기술 장교를 배출하는 곳이다. 예를 들어 공군은 아주대학교와 계약을 맺고 국방디지털융합학과를 운영 중이다. 공군사관학교가 존재함에도 별도의 계약학과를 운영하는 이유는 사관학교가 조종사 양성에 주력하고 있기 때문이다. 첨단 무기 체계와 정보통신 기술이

고도화됨에 따라 별도의 교육기관을 설립하는 막대한 비용을 절감하면서, 대학이 보유한 최신 전문성을 활용하려는 취지가 담겨 있다.

이 중 학생과 학부모들에게 가장 잘 알려진 곳은 국방부와 계약하여 해커를 양성하는 고려대학교 사이버국방학과이다. 설립 초창기에는 합격선이 서울대학교의 주요 학과들보다 높을 정도로 위상이 대단했지만, 현재는 고려대 내에서 상위권 점수대를 유지하는 수준이다. 이는 자유로운 성향이 강한 컴퓨터 전공자들이 군의 엄격한 규율 및 통제와 충돌하는 면이 반영된 결과로 보이며, 지금은 컴퓨터와 군대 문화를 모두 수용할 수 있는 적정 점수대에서 안정화되었다. 그럼에도 불구하고 정부의 전폭적인 지원을 받는 인기 학과이며, 졸업 후 진로 또한 매우 유망하다.

▨ 군의무복무형 기술계약학과 현황, 2026 대입 기준

No	대학	학과	계약주체	인원(명)
1	고려대	사이버국방학과	국방부	30
2	세종대	국방시스템공학과	해군	40
3		국방AI로봇융합공학과	해병대	30
4		항공시스템공학과	공군	25
5		사이버국방학과	육군	20
6	아주대	국방디지털융합과	공군	30
7	충남대	해양안보학과	해군	40
8	한양대 ERICA	국방전략기술공학과	해군	40
	총합			255명

위 표에서 알 수 있듯 세종대학교는 이 분야에서 가장 두드러진 행보를 보이고 있다. 육·해·공군은 물론 해병대와도 모두 계약을 맺고 학생들을 선발하여 교육한다. 군 입장에서는 AI, 로봇, 사이버 보안 등 첨단 분야의 고급 기술 인력을 조기에 확보할 수 있다는 점이 큰 매력이다.

대신 학생들에게는 파격적인 혜택이 주어진다. 4년 장학금 형태의 군가산복무지원금과 기숙사 우선 배정, 해외 연수 기회 등이 제공되며, 무엇보다 졸업 후 장교 임관이 보장된다. 이에 대한 의무로 졸업 후 7년간 군에서 복무해야 한다. 7년이라는 기간이 길게 느껴질 수 있으나, 남학생의 경우 병역 의무 기간이 포함되어 실질적으로는 4~5년을 더 근무하는 셈이다. 23세에 대학을 졸업해 의무복무를 마쳐도 서른 살에 불과하다. 일반 대학 졸업생들의 첫 취업 연령이 서른을 넘기는 경우가 적지 않음을 고려하면, 7년 차 경력직으로서 훨씬 빠르게 경제적 독립을 이룰 수 있다는 현실적인 장점이 있다. 또한 복무를 마친 후에도 군에 남거나, K-방산 열풍으로 국제 경쟁력을 갖춘 국내 방산업체로 이직하여 기술 전문가로서의 경력을 이어 가기에도 매우 유리하다.

진로지도 측면에서 볼 때, 학부모나 교사 등 주변 어른들이 이러한 군 계약학과 제도를 명확히 숙지하고 있는 것은 매우 중요하다. 학생이 사관학교 입학을 목표로 매진했으나 근소한 차이로 불합격했을 때, 군 전문가라는 꿈을 포기하지 않고 이어갈 수 있도록 실질적인 대안을 제시해 줄 수 있기 때문이다. 이처럼 제도에 대한 정보력의 차이는 학생에게 꿈의 단절이 아닌 새로운 기회를 제공하며, 결과적으로 진로의 지속성을 결정짓는 핵심적인 이정표가 된다.

앞서 살펴본 기술계약학과가 특정 전문 기술 병과를 위한 것이라면, 전술 및 야전 지휘 등 군의 핵심 역량을 수행할 초급 장교의 만성적인 부족 문제를 해결하기 위해 도입된 제도가 바로 군사학과이다. 이는 군이 대학에 장교 양성을 교육적으로 위탁하는 방식으로 운영되며, 2026학년도 대입 기준으로 군과 협약을 맺은 군의무복무형 군사학과는 다음과 같다.

No	대학	학과	계약주체	인원
1	건양대	군사학과	육군	40
2	경남대	군사학과	육군	19
3	단국대(천안)	군사학과	해병대	30
4	대전대	군사학과	육군	40
5	영남대	군사학과	육군	30
6	원광대	군사학과	육군	40
7	조선대	군사학과	육군	30
8	청주대	군사학과	육군	40
총합				269명

현재 군사학과와 유사한 명칭을 사용하는 대학은 전국적으로 매우 많다. 그러나 해당 학과의 교육과정이 군사 분야를 지향한다는 것과 군과 직접 계약을 맺었다는 것은 전혀 다른 의미이다. 실제 군과 정식 협약을 맺고 입학 시점부터 장교 임관을 보장하는 곳은 2026학년도 대입 기준으로는 위 표에 명시된 일부 대학에 불과하다.

군과 직접 계약을 하지 않은 대학의 군 관련 학과들은 등록금 전액을 지원받는 군가산복무지원금 혜택이 없으며, 별도의 장교 후보생 선발 시험을 다시 통과해야 하는 번거로움이 있다. 이와 달리 협약된 군사학과는 선발 과정 자체가 군 장교 선발 기준에 준하여 진행되므로, 합격과 동시에 안정적인 진로를 확보할 수 있다는 점에서 큰 차별성을 갖는다.

성별에 따른 입시 장벽도 빠르게 낮아지고 있다. 최근 모든 분야에서 남녀 구별이 희미해지는 흐름에 맞춰, 군의무복무형 계약학과 또한 여학생의 입학을 적극적으로 허용하는 추세이다. 과거에는 여학생 선발 인원을 엄격히 제한하거나 아예 선발하지 않는 학과가 많았으나, 최근에는 성별 제한을 완전히 폐지하거나 선발 비중을 대폭 확대하는 대학이 늘고 있다. 이러한 변화 덕분에 여학생들의 지원이 꾸준히 늘고 있으며, 특히 첨단 기술 분야 군의무복무형 계약학과의 합격권 점수 또한 매우 높게 형성되는 추세이다.

3년 만에 대졸 + 경력직 완성

- '조기취업형 계약학과' -

과거에는 존재하지 않았던 대기업 채용조건형 계약학과나 군 의무복무형 계약학과는 이미 우리 사회의 한 축으로 자리 잡아가고 있다. 하지만 변화는 여기서 멈추지 않는다. 교육부는 2018년부터 산업통상부와 협력하여 '조기취업형 계약학과 선도대학 육성사업'을 본격적으로 시작하였다. 이로써 계약학과는 불과 몇 년 사이에 크게 세 가지 형태로 분류될 만큼 그 외연이 확장되었다.

▨ 3대 계약학과 제도

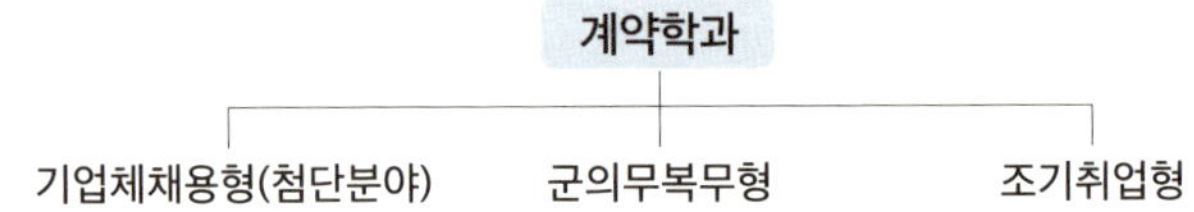

조기취업형 계약학과는 학업보다는 사회에 조금이라도 빨리 진출하여 경제활동을 시작하고 싶어 하는 실용적인 학생들을 위해 설계된 제도이다. 경제적 독립을 위해 빠르게 사회생활을 시작하려는 의지는 매우 합리적인 전략이 될 수 있다. 다만 전문적인 기술을 갖추지 못한 채 사회에 첫발을 내딛게 되면 시간이 흐를수록 저임금 노동의 굴레에서 벗어나기 어려워 고생할 위험이 크다. 교육적 관점에서 볼 때, 학생들이 반드시 전문 기술을 습득한 후 사회에 나가도록 유도해야 하는 이유가 바로 여기에 있다.

따라서 교육부는 이러한 학생들을 대학 진학의 틀 안으로 수용하고자 노력하고 있다. 이와 동시에 산업통상부 측면에서는 중소기업과 중견기업이 만성적으로 겪고 있는 심각한 인력난을 해소하려는 의지가 강하다.

결국 이 제도는 조기 경제활동을 원하는 학생들을 우수한 중소기업과 연결하고 현장에서 즉시 활용 가능한 기술을 배우게 하여 사회 진출을 앞당기기 위해 탄생하였다. 학생은 입학과 동시에 취업을 확정 지어 불안감을 해소하고, 참여 기업은 자사에 꼭 필요한 맞춤형 인재를 조기에 확보할 수 있다는 점이 이 제도의 핵심적인 상생 모델이다.

이 제도의 가장 큰 특징은 학생이 대학 입학과 동시에 협약 기업으로의 취업을 확정 짓는다는 점이다. 일반적인 4년제 학사 과정을 현장 실무 중심의 집중 교육을 통해 3년으로 단축하여 운영하므로, 학생들은 일과 학업을 병행하며 남들보다 빠르게 학위를 취득할 수 있다. 또한 학비의 상당 부분을 국가와 기업이 분담하여 지원하므로 경제적 부담도 획기적으로 줄어든다. 참여하는 중소기업 입장에서도 우수한 인재를 조기에 선점하고, 기업 실무에 즉시 투입 가능한 맞춤형 인재를 양성할 수 있다는 매력이 크다.

구분	1학년 (학업 집중기)	2~3학년 (일·학습 병행기)	졸업 후 (재직기)
이수 학점	60학점 (집중 이수)	60학점 (매년 30학점)	-
주요 활동	대학 내 집중 기본 교육	기업 근무 및 현장 실무 / 심화 교육	협약 기업 정식 근무
운영 방식	대학 수업 (계절학기 포함)	평일 기업 출근 / 금요일 야간 및 토요일 수업	1년간 의무 종사
장학 혜택	등록금 전액 지원 (국가장학금)	등록금 50% 기업 지원	일반 직장인과 동일 처우
비고	취·창업 지원금 추가 지급	급여 수령을 통한 본인 부담분(50%) 해결	졸업 시 직장 3년차 경력 인정

교육과정은 매우 밀도 있게 구성된다. 1학년 때는 계절학기를 포함하여 대학에서 전공 기초와 핵심 이론을 집중적으로 이수하며, 2학년부터는 정식으로 계약한 회사에 출근하여 실무를 익힌다. 다만 학업의 끈을 놓지 않도록 금요일 저녁과 토요일을 활용해 대학 수업을 병행하는 방식이다. 파격적인 장학 혜택 또한 이 제도의 장점이다. 1학년 등록금은 전액 국가장학금으로 충당되며, 안정적인 학업 전념을 돕기 위해 별도의 취업 및 창업 지원금이 장학금 형태로 추가 지급된다. 2학년과 3학년 시기에는 취업한 기업에서 등록금의 50%를 보조하며, 나머지 50%는 본인이 부담하지만 이미 직장인으로서 월급을 받고 있으므로 스스로 충분히 해결 가능한 수준에서 설계되어 있다.

장학금을 지원받은 만큼 그에 따른 책임도 따른다. 1학년 과정에서 국가의 전폭적인 지원을 받은 학생은 졸업 후 해당 기업에서 1년간 의무적으로 근무해야 한다. 하지만 이를 긍정적으로 해석하면, 2학년 때부터 경력을 쌓기 시작해 졸업과 동시에 이미 3년 차 직장인의 숙련도를 갖추게 된다는 의미이기도 하다. 물론 일과 공부를 완벽히 병행해야 하기에 남다른 성실함과 의지가 없으면 완주하기 힘든 고된 과정임은 분명하다. 이러한 성과에 힘입어 가천대, 한국공학대, 한양대 ERICA, 한국기술교육대, 전남대, 순천향대, 동의대, 경일대 등 학부가 중심이던 모델은 현재 전문대학과 석박사 과정까지 그 범위를 넓히고 있다.

사업의 운영 및 신뢰도 면에서도 검증된 체계를 갖추고 있다. 현재 이 사업은 산업통상부 산하 한국산업기술진흥원KIAT에서 전담하여 관리한다. 우리나라의 기업 환경이 많이 개선되었다고는 하나, 여전히 상식 밖의 운영을 하는 일부 중소기업이 존재하는 것이 현실이다. 사회 경험이 부족한 학생들이 부적절한 기업에 첫발을 내디뎌 경력을 망치는 경우가 종종 발생하는데, 이 사업에 참여하는 기업들은 국가 기관의 심사를 거친다. 따라서 위험 부담이 현저히 낮아진다는 장점이 있으며, 이는 특히 전문대학 진학을 고민하는 학생들에게 이 제도를 적극적으로 추천하는 이유가 된다.

최근에는 이러한 기본 모델을 바탕으로 대학별 독자적인 변화도 나타나고 있다. 가천대학교의 경우 2026학년도 대입부터 새로운 형태의 모델을 선보였다. 기존의 3년제를 탈피하여 재학 기간을 4년으로 늘리되, 1~2학년은 온전히 대학 생활과 학업에 집중하고 3~4학년에 일과 학습을 병행하는 방식으로 구조를 바꾼 것이다. 이는 학생들이 대학 생활의 낭만과 전공 탐색의 시간을 충분히 누리도록 배려하면서도, 조기 취업이라는 실질적인 혜택을 동시에 취할 수 있도록 유연하게 진화한 결과라고 볼 수 있다.

지금까지 살펴본 기업체 채용형, 군의무복무형, 조기취업형 계약학과는 최상위권 대학부터 전문대학에 이르기까지 매우 넓은 스펙트럼에 걸쳐 분포되어 있다. 이는 단순히 성적에 맞춰 대학을 고르는 시대가 아니라, 학생의 성향과 목표에 따라 선택할 수 있는 경로가 그만큼 다양해졌음을 의미한다.

부모와 아이가 입시를 위해 최선을 다해 공부하는 과정은 분명 소중하다. 하지만 노력의 결과로 마주하게 되는 성적은 겸허히 받아들이되, 그 점수대에서 아이가 빛날 수 있는 우리가 미처 몰랐던 길을 세심하게 살펴보는 자세가 무엇보다 중요하다. 남들이 선호하는 일반적인 길만이 정답은 아니다.

조기취업형 계약학과는 바로 그 지점에서 실질적인 대안이 된다. 성적이 조금 부족하더라도 실용적인 성향을 가진 아이라면, 대학 간판에 연연하기보다 남들보다 앞서 사회적 자립을 이루고 경력을 쌓는 길을 선택하는 것이 훨씬 전략적일 수 있다. 실제로 이 제도를 시행해 본 결과 학생들의 만족도가 높아 가천대처럼 재학 기간을 늘려 대학 생활의 즐거움을 보강한 독자 모델까지 등장하고 있다.

결국 입시의 성공은 높은 점수를 받는 것 자체가 아니라, 아이의 성적과 적성에 가장 잘 맞는 최적의 매칭을 찾아내는 데 있다. 국가 기관의 검증을 거친 기업들과 연결되어 졸업과 동시에 3년 차 경력을 갖게 되는 이 모델처럼, 세상에는 우리가 잘 알지 못하는 기회의 문이 도처에 열려 있다. 내 아이의 현재를 긍정하고 그 안에서 최선의 미래를 설계해 주는 부모의 통찰력이 아이의 인생을 더욱 단단하게 만들 것이다.

의대 가는 가장 확실한 전략

"서울을 떠나 지방으로 가라"
- 지역의사제 -

대한민국은 2025년 의대 정원 증원 여파로 극심한 의료 대란을 겪으며 사회 전반에 깊은 상처를 남겼다. 비록 2026년 대입에서는 증원된 2천 명의 정원이 일시적으로 사라졌으나, 정부와 국민은 여전히 필수의료 인력 확충의 필요성에 깊이 공감하고 있다. 현재 의료계의 가장 큰 문제는 인력의 심각한 불균형이다. 내과, 외과, 산부인과 등 필수의료 분야는 고강도 노동과 의료사고 소송 부담 등 위험은 큰 반면, 보상은 낮아 기피 대상이 된 지 오래다. 반면 '피안성'이라 불리는 피부과, 안과, 성형외과는 미용 의료 시장의 확대와 비급여 시술 등을 통해 상대적으로 낮은 위험과 큰 보상을 받고 있다. 이러한 구조적 격차는 지방의 필수의료 인력들이 서울과 수도권의 비필수 분야로 이탈하게 만들었고, 결과적으로 지방의 의료 공백을 심화시키는 핵심 원인이 되었다.

실제 보건복지부의 2025년 보고서에 따르면, 인구 천 명당 필수의료 전문의 수는 서울이 3.02명인 것에 비해 세종, 제주, 울산 등 지방은 0.1~0.2명 수준으로 처참한 실정이다. 특히 광주, 전남 등 여러 지방 광역단체에서는 심장혈관 흉부외과 전문의가 인구 10만 명당 1명도 존재하지 않는 등 지역 의료 인프라는 고사 직전에 몰려 있다. 보건복지부의 의사 인력수급 추계위원회에서는 이러한 현행 양성 체계를 유지할 경우 2040년에는 최대 11,136명의 의사가 부족해질 것으로 발표하였다.

이러한 객관적인 수급 추계 결과를 근거로 정부는 2027학년도부터 2031년까지 의사 인력 양성 규모를 연평균 668명 늘리기로 최종 결정하였다. 정부는 증원 초기 의학교육 현장의 부담을 완화하기 위해 인력을 단계적으로 확충한다. 구체적으로 2027학년도에는 490명을 우선 증원하고, 2028년부터 2029년까지는 매년 613명을 증원한다. 나아가 2030년부터는 공공의대와 지역의대 신설을 통해 정원을 연간 813명까지 확대하여 향후 5년간 총 3,342명의 정원을 추가로 확보할 방침이다.

▨ **연도별 의대 증원 계획 (단위: 명)**

구분	연도	2027학년도	2028학년도	2029학년도	2030학년도	2031학년도	계
입학정원 증원	기존 의대	490	613	613	613	613	
	공공의대 지역의대	-	-	-	200	200	
추가 증원 총규모		490	613	613	813	813	3,342
연평균		-	-	-	-	-	668

　정부는 의사 단체의 반대에도 불구하고 이처럼 확정된 로드맵에 따라 2027년 대학입시부터 의대 증원을 본격적으로 재추진하며, 그 핵심 전략으로 지방에서의 의무복무를 골자로 하는 '지역의사제'를 전면에 내세우고 있다. 2025년 12월 국회를 통과한 「지역의사의 양성 및 지원 등에 관한 법률안」은 단순히 의사 수를 늘리는 것을 넘어, 의대 정원의 일정 비율을 지역의사전형으로 선발하고 이들이 해당 지역에서 10년간 의무복무하도록 법적으로 강제하는 내용을 담고 있다. 특히 보건의료정책심의위원회 의결에 따라 새롭게 생긴 모든 증원 인원은 전량 지역의사로 선발되며, 이는 서울을 제외한 전국 32개 의대에 전면 적용된다.

　2026년 제정된 시행령에 따르면 지역의사제는 단순히 비수도권 지방 대학에만 국한되지 않는다. 수험생들에게 인기가 높은 성균관대, 가천대, 인하대, 아주대와 같은 수도권 소재 의대들까지 지역의사전형을 도입하게 됨에 따라 사실상 서울 소재 8개 의대를 제외한 전국 대부분의 의대에서 이 제도가 시행될 예정이다. 이는 수도권 내에서도 의료 취약지가 존재한다는 보건 당국의 판단이 반영된 결과로, 경기도 동북부 권역과 인천의 일부 지역 수험생들에게 새로운 입시의 문이 열렸음을 의미한다. 정부는 대학의 종류와 규모에 따라 증원 상한을 차등 적용하였는데, 국립대 의대 중 정원 50명 미만의 소규모 대학은 최대 100%의 상한을 적용받아 권역 내 핵심 의료 인력 양성 기관으로서의 역할을 수행하게 된다. 반면 정원 50명 이상의 국립대는 30%, 사립대 의대는 규모에 따라 20~30% 수준으로 증원 폭이 결정되었다.

의과대학 소재지	해당 의과대학
1) 대전광역시, 충청남도	충남대, 건양대, 을지대, 단국대, 순천향대
2) 충청북도	충북대, 건국대
3) 광주광역시	전남대, 조선대
4) 전북특별자치도	전북대, 원광대
5) 대구광역시, 경상북도	경북대, 계명대, 영남대, 대구가톨릭대, 동국대
6) 부산광역시, 울산광역시, 경상남도	부산대, 고신대, 동아대, 인제대, 울산대, 경상대
7) 강원특별자치도	강원대, 한림대, 연세대(원주), 가톨릭관동대
8) 제주특별자치도	제주대
9) 경기도, 인천광역시	가천대, 인하대, 아주대, 성균관대, 차의과대

지역의사제의 구체적인 지원 자격과 의무복무 규정은 매우 세밀하게 설계되어 입시 지형을 더욱 복잡하게 만든다. 보건복지부는 의료 취약 지역을 특정하여 경기도의 경우 의정부, 남양주, 가평, 포천 권역을, 인천은 강화와 서구 등 일부 지역을 선발 소재지로 규정하였다. 이 지역 출신 학생들이 지역의사전형으로 의대에 진학할 경우 졸업 후 다시 자기 연고지의 취약 권역에서 10년간 근무하게 함으로써 정주 가능성을 높이려는 것이다. 정부는 지역의사로 선발된 학생들에게 재학 기간 등록금, 교재비, 실습비, 주거비, 식비 등을 전폭적으로 지원한다. 또한 '지역의사지원센터'를 설립하여 학업 지원, 진로 상담, 졸업 후 경력개발까지 원스톱으로 관리하며, 의무복무 기간 중에도 해외연수 기회나 안정적인 주거 환경을 제공하여 지역 내 정착을 유도할 계획이다.

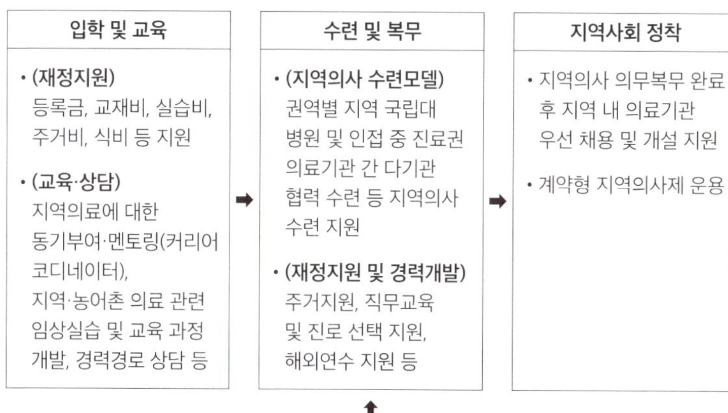

한편, 대도시인 대전이나 부산 출신 학생들은 거주지가 의료 취약지역은 아니지만, 인접 지역 규정을 통해 충남이나 부산의 의대에 지역의사전형으로 진학하게 될 경우, 자신의 고향이 아닌 해당 지역의 구체적인 취약지역에서 의무복무를 수행해야 한다. 기존의 지역인재 전형이 이미 정원의 상당 부분을 차지하고 있는 상황에서 지역의사전형까지 추가됨에 따라 수험생들은 고등학교 재학 지역뿐만 아니라 향후 10년의 근무지까지 고려하여 지원 전략을 세워야 하는 복합적인 상황에 놓이게 되었다.

이러한 전격적인 제도 도입은 현재 중학교 및 고등학교에 재학 중인 학생들에게도 직접적인 영향을 미친다. 본래 지역의사전형은 비수도권지역에서 중학교를, 해당 지역에서 고등학교를 졸업해야 자격이 주어지도록 설계되었으나, 갑작스러운 제도 변화에 따른 혼란을 방지하기 위해 2027

학년도 중학교 신입생부터 이 규정을 적용하는 부칙이 마련되었다. 따라서 현재 중·고등학교 재학생들은 고등학교만 해당 지역에서 졸업하면 지역의사전형의 혜택을 누릴 수 있으며, 이는 의대 진학을 희망하는 수도권 수험생들에게 전략적인 이동의 유인이 될 수 있다. 특히 서울과 인접한 구리나 남양주 등지가 지역의사전형 지역으로 포함된 것은 향후 입시 경쟁에서 매우 중요한 변수로 작용할 전망이다.

그러나 이러한 입시 제도의 개편이 지방 의료의 근본적인 붕괴를 막아줄지에 대해서는 우려가 공존한다. 지방의 인구 유출과 의료 어려움은 단순히 입시 제도가 없어서가 아니라, 산업 및 경제 정책이 서울로 집중되면서 지방의 정주 여건이 열악해진 구조적 원인에서 기인하기 때문이다. 입시는 대학에서 인재를 뽑는 관문일 뿐, 진정한 개선은 지방에도 우수한 병원 인프라와 기업이 자리 잡을 수 있는 산업 정책이 병행되어야 한다. 결국 사회 문제 해결을 위해 입시의 복잡함과 불편함을 감내해야 하는 상황에서, 정부의 의도가 실질적인 지역 의료 재건으로 이어질지는 향후 정책의 방향성에 달려 있다.

결과적으로 향후 의대 입시는 수험생의 거주지와 미래의 근무지에 따라 선택지가 극명하게 갈리는 구조가 된다. 전국 어디서나 지원하여 졸업 후 근무지를 자유롭게 선택할 수 있는 일반전형, 해당 지역에 거주한 학생들을 선발하지만 졸업 후에는 어디로든 갈 수 있는 지역인재전형, 그리고 지역 거주 학생이 해당 지역에서 10년간 의무복무해야 하는 지역의사전형이 공존하게 된다. 여기에 정부가 추진 중인 국립의학전문대학원과 지역 신설 의대까지 더해지면 입시 경로는 더욱 다양해진다. 이처럼 방법이 많아진 것이 수험생에게 기회일지 혹은 번거로운 복잡함일지는 단언하기 어려우나, 한 가지 분명한 사실은 의대를 골라서 마음대로 가고자 한다면 지방에 거주하는 것이 가장 유리하고 확실한 방법이 되었다는 점이다.

특히 충청권은 압도적인 선발 인원과 유리한 지원 자격이 결합하면서 이번 제도 개편의 가장 전략적인 우위를 점하게 되었다. 우선 정원 규모 면에서 대전·세종·충남 권역과 충북 권역을 합산하면 2028학년도 기준 총 148명의 정원을 확보하게 되는데, 이는 경기 지역 정원(30명)의 약 5배에 달할 뿐만 아니라 비수도권의 다른 어떤 단일 권역보다도 큰 규모다. 이러한 수치적 우위가 실질적인 합격 가능성으로 직결되는 이유는 시행령이 규정하는 '인접 지역'의 범위가 매우 넓게 설계되었기 때문이다.

▨ 권역별 지역의사 증원 배정 현황 (단위: 명)

권역 구분	의대 수	2027학년도 대입	2028학년도 대입	2029학년도 대입
부산·울산·경남	6	97	121	121
대구·경북	5	72	90	90
대전·세종·충남	5	72	90	90
강원	4	63	79	79
광주·전남	2	50	62	62
충북	2	46	58	58
전북	2	38	48	48
제주	1	28	35	35
인천·경기	5	24	30	30
합계	32	490	613	613

시행령에 따르면 대전·충남 소재 의대와 충북 소재 의대 모두 대전·세종·충남·충북 전체를 인접 지역으로 인정하여 지원 자격을 부여한다. 이에 따라 충청권 거주 학생은 충남대, 건양대, 을지대, 단국대, 순천향대뿐

만 아니라 충북대와 건국대까지 총 7개 의과대학에 대해 지역 수험생으로
서의 자격을 동시에 갖게 된다. 이는 지원 범위가 해당 도 내로 한정되는
강원이나 제주 등 타 지역과 비교했을 때, 많은 정원을 대상으로 훨씬 넓은
선택권을 행사할 수 있음을 의미한다. 여기에 기존 지역인재 전형 인원까
지 합산하면, "아이를 꼭 의사로 만들고 싶다면 초등학교 때 충청도로 이사
가야 한다"는 항간의 말이 결코 과장이 아님을 알 수 있다. 물론 서울을 비
롯한 수도권 학생들 사이에서 역차별이라는 불만이 터져 나올 법한 상황
임은 분명하다.

만약 이것이 지방으로의 인구 분산과 지역 의료 인력 확보를 동시에 노
린 정부의 치밀한 의도라면, 이 전략은 의외의 성공을 거둘 수도 있을 것으
로 보인다.

2030년은 수능도 절대평가 시대로

- 승자독식 입시의 종말을 대비하라 -

국가교육위원회에서 제시해야 하는 2028년~2037년까지의 10년 중장기 국가교육발전계획에 관심이 쏠리고 있다. 그 전체적인 방향을 가늠해 볼 수 있는 보고서가 2026년 1월 국민들에게 공개된 국가교육위원회의 「공교육 혁신 보고서」이다. 이 보고서는 '대입제도 혁신 방안'부터 '영유아공교육 체제 전환 방안'까지 국가 교육에 필요한 총 9개 교육 분야에 대해 방향성을 제시하고 있다.

이 중에서도 온 국민이 가장 민감하게 반응하며 관심을 갖는 사항은 아무래도 '대입제도 혁신 방안'이다. 다른 과제들은 국가가 시스템을 어떻게 만드는가에 대한 고민이라 국가가 결정하면 국민들은 그 정책적 틀을 수용하는 성격이 강하지만, 대학입시는 개별 학생의 진로와 직결될 뿐만 아니라 내 자녀를 위해 가정에서 선택하고 준비해야 할 전략적 요소가 많기 때문이다.

국가교육위원회의 공교육 혁신 보고서는 현재 교육 현장의 한계를 지적하며 매우 강하게 말하고 있다. 이제 승자독식 구조의 상대평가 시대를 끝내고 학생 개개인의 역량 성장을 지원하는 절대평가를 도입하자고 말이다. 2027학년도 대입을 치르는 2008년 출생 학생들까지는 수능과 내신 모두 현행과 같이 9등급 상대평가제도를 사용하고, 2028학년도 대입부터는 내신은 5등급, 수능은 9등급의 상대평가제도를 사용하기로 예고되어 있다.

교육 현장에서는 바뀐 2028학년도 대입을 아직 치르기 전임에도 불구하고, 국가교육위원회는 교육의 공공성 회복과 미래 인재 양성을 위해 할 수만 있다면 2030학년도 대입부터 내신과 수능 모두 5등급 절대평가제도를 시행할 것을 파격적으로 제시하고 있다. 이는 고교학점제의 온전한 구현과 수능 영향력 약화를 동시에 겨냥한 포석으로 풀이된다.

국가교육위원회가 제시한 수능 및 내신 절대평가의 구체적인 등급 구분과 비율 목표는 다음의 표와 같다.

▨ **국가교육위원회 제시 수능, 내신 절대평가 방안**

등급	등급 구분 점수	등급별 목표 비율(%)
1	80점 이상	20%
2	70점 이상	20%
3	60점 이상	20%
4	50점 이상	20%
5	50점 미만	20%

국가교육위원회는 현행 상대평가 제도가 유발하는 과도한 입시 경쟁에 주목한다. 경쟁 그 자체가 목적이 된 현재의 교육 시스템은 공교육의 본질을 왜곡할 뿐만 아니라, 우리 사회의 지속가능성마저 위협하는 핵심 요인으로 지적된다. 이러한 구조적 모순을 해결하기 위해 국교위는 절대평가 체제로의 신속한 전환을 촉구하고 있다. 수능과 내신을 모두 5등급 체계로 재편하되, 각 등급별 목표 비율을 20%로 설정함으로써 평가의 공정성과 최소한의 변별력을 동시에 확보하겠다는 구상이다.

사실 내신 절대평가는 우리 교육역사에서는 이미 걸어본 길이다. 과거에도 절대평가를 시행했던 시기가 있었으나, 당시 학교 현장은 난이도 조절의 실패와 소위 '내신 부풀리기'라는 도덕적 해이에 직면했다. 상위권 대학들이 변별력이 사라진 내신 성적을 전형 자료에서 배제하기 시작하자, 입시의 안정성을 위해 결국 지금의 상대평가 체제로 회귀하게 된 역사가 있다. 이번 개편안이 과거의 실패를 반복하지 않기 위해서는 단순한 제도 변경을 넘어 대학의 신뢰를 회복할 구체적인 보완책이 관건이 될 것이다.

국가교육위원회는 과거의 실패를 거울삼아 성적 부풀리기를 방지할 구체적인 안전장치를 제안한다. 1등급은 30%, 2등급은 50%라는 등급 하한선 비율을 설정하고, 특히 1등급의 경우에도 목표 비율인 20%와 하한선인 30% 사이에 위치하는 학생들에게는 '1-' 등급을 부여하는 보조 등급 방식을 도입해 차별화된 보완책을 마련한다는 구상이다.

내신은 절대평가 경험이라도 교육계 내에 존재하는데 수능은 단 한 번도 전 과목을 절대평가 해본 적이 없는 '가보지 않은 길'이다. 그래서 그 어떤 부작용이 생길지 예측이 어렵지만 일단 상위 20%를 같은 1등급으로 둔다면 서울의 최상위권 대학은 물론 중상위권 대학들까지도 수능과 내신으로 변별력은 전혀 생길 수가 없기 때문에 심층면접이나 본고사 형태의 추가 시험이 발달하여 학생들을 더 괴롭히지 않을까 하는 우려를 충분히 예상해 볼 수 있다.

특히 최근 2026학년도 수능에서 절대평가인 영어 과목의 1등급 비율이 3%대에 그치며 난이도 조절에 실패하자 평가원장이 사퇴하고, 교육부 신년 업무보고에서 "난이도를 맞추는 것은 신의 영역"이라는 발언이 화제가 된 점은 시사하는 바가 크다. 이처럼 등급별 목표 비율 20%를 인위적으로 맞추는 것은 현실적으로 매우 어려운 일이며, 만약 이 비율을 맞추지 못했을 때 교육 현장에 닥칠 혼란은 지금으로서는 예측조차 쉽지 않다.

그럼에도 불구하고 절대평가라는 큰 틀의 방향성에 대해서는 상당수 교육 주체가 공감한다. 인구가 팽창하던 시기, 희소한 자원을 배분하기 위해 학생들을 세밀하게 분별하여 선발하던 입시가 과거의 패러다임이었다면, 학령인구가 급감하는 미래에는 한 명의 학생이라도 본연의 특성을 살려 제 역할을 할 수 있도록 키워내는 것이 국가적 생존 전략이기 때문이다.

그러나 그간 수많은 입시 개편에도 불구하고 교육 현장이 달라지지 않았던 근본적인 원인은 대학 서열화와 서울 집중 현상이라는 단단한 벽에 있다. 이 문제는 단순한 대입 제도의 수정을 넘어 지역 균형 발전과 같은 산업 정책의 변화와 정책 입안자들의 전향적인 마인드 변화가 선행될 때 비로소 해결의 실마리를 찾을 수 있다. 만약 이러한 구조적 개혁 없이 수능 절대평가라는 수단에만 매몰된다면, 기대했던 변화 대신 '교육으로는 답이 없다'는 사회적 무기력증에 빠질 수 있다는 경고의 목소리에 귀를 기울여야 한다.

'그들만의 교육 개혁'을 멈춰야
교육이 산다

대한민국 현대사에서 '교육 혁신'은 단 한 번도 국가적 과제에서 빠진 적이 없는 단골 메뉴였다. 정권이 바뀔 때마다 새로운 간판이 내걸렸고, 교실 풍경을 바꾸겠다는 약속은 매번 화려하게 등장했다. 교육 현장에는 매년 천문학적인 예산이 투입되며, 수많은 전문가가 머리를 맞대고 정책을 쏟아낸다. 하지만 안타깝게도 우리가 마주한 현실은 수십 년 전과 크게 다르지 않다. 학교 현장의 변화 체감도는 여전히 낮고, 공교육이 변화를 선언할수록 사교육 시장은 비대해지며 입시 경쟁의 굴레는 더욱 공고해졌다. 막대한 자원과 열정을 쏟고도 제자리걸음을 반복하는 이유를 이제는 냉정하게 짚어봐야 할 때다.

본래 국가교육위원회가 출범할 당시, 나는 그 취지에 깊이 공감하며 찬성하는 입장이었다. 위원 임명 주체를 헌법재판관처럼 다양화함으로써 독립성을 확보하고, 정권의 부침에 흔들리지 않는 '교육 백년대계'를 세워주길 기대했기 때문이다. 특히 교육계 내부에만 매몰되지 않고 경제, 산업, 미래 기술 등 다양한 분야의 전문가들이 참여하여 사회 전체의 변화를 교육에 담아내는 용광로 역할을 해주길 바랐다. 그러나 현재 21명 위원의 면면을 보면 아쉬운 마음이 앞선다. 위원 개개인이 걸어온 길과 그분들의 학문적·현장적 깊이는 의심할 여지가 없이 훌륭하나, 문제는 구성의 '다양성'에 있다. 대다수가 전·현직 교수나 교육 관료, 교원 단체 인사들로 채워져 사실상 '교육계 원로원'에 가깝다.

▨ **국가교육위원회 위원 21인(2026년 2월 기준)**

No.	성명	주요 경력 및 직업	No.	성명	주요 경력 및 직업
1	차정인	부산대학교 총장, 법학전문대학원 교수	11	손덕제	농소중학교 교감, 한국교원단체총연합회 부회장
2	이광호	국가교육회의 기획단장, 이우중고 교사, 교장	12	양오봉	한국대학교육협의회 회장, 전북대학교 총장
3	김경회	성신여대 교수, 서울특별시교육청 부교육감	13	연취현	법률사무소 와이 대표 변호사, 경기도 인권위원
4	강은희	대구광역시 교육감, 전국시도교육감협의회 회장	14	유민봉	대한민국시도지사협의회 사무총장, 국회의원
5	김건	신전국대학생대표자협의회 공동의장	15	윤건영	충청북도 교육감
6	김영도	동의과학대학교 총장, 전문대학교육협의회 회장	16	이보미	교사노동조합연맹 위원장, 대구감천초등학교 교사
7	김용	한국교원대학교 교수	17	이슬기	KAIST 대학원 총학생회장
8	김주성	한국학중앙연구원 이사장, 한국교원대학교 총장	18	이현	우리교육연구소 이사장, 교육비평 발행인
9	박영환	전국교직원노동조합 위원장, 유곡초등학교 교사	19	장신호	서울교육대학교 총장
10	반상진	전북대학교 명예교수, 한국교육개발원 원장	20	전은영	전국혁신교육학부모네트워크 대표
			21	최은옥	교육부차관

구체적으로 살펴보면 세 가지 구조적 한계가 드러난다.

첫째, 미래 전문가가 없는 '미래 교육' 논의다. 인공지능AI, 로봇, 에너지 등 미래 산업의 변화를 현장에서 겪고 있는 기업인이나 기술 전문가는 찾아보기 힘들다. 수요자인 기업과 사회의 요구가 차단되니 논의는 '어떻게 가르칠 것인가'란 방법론에만 머물고 '무엇을 위해 가르칠 것인가'하는 목적론에 대한 성찰은 부족해진다.

둘째, 교육 생태계 내부의 폐쇄성이다. 임명 주체는 다양해 보이지만, 실상 '교대-사범대-교육부-교육청'이라는 견고한 울타리 안에서 평생을 보낸 인물들이 주를 이룬다. 시스템의 문법에 가장 익숙한 내부자들이 주도하는 혁신은 기존의 질서를 흔들기보다 기득권을 유지하는 선에서의 '미세 조정'에 그칠 개연성이 크다.

셋째, 독립 기구로서의 실효성 문제다. 정치권 추천에 의존하는 위원 구성은 교육부 사안을 재검토하며 시간을 끄는 절차적 장애물이 되거나, 정당 간 교육 노선의 대리전 현장이 될 우려가 있다. 진정한 독립성은 구성의 중립성에서 시작된다는 점을 상기해야 한다.

이러한 우리나라 교육계 폐쇄적 지배구조는 지방 교육 행정의 수장인 '교육감' 선거 제도에서 정점에 달한다. 교육의 주체인 교사, 학생, 학부모의 목소리가 균형 있게 반영되려면 누구나 교육감 후보가 될 수 있어야 한다. 교사의 대표가 후보가 될 수도 있고, 학부모의 대표가 후보가 될 수도 있고, 학생의 이익을 대변하는 사람이 후보가 될 수 있어야 한다. 하지만 현행법은 출마 자격을 일정 기간 이상의 교원 및 교육 행정 경력자로 엄격히 제한하고 있다. 사회의 다양한 시각을 가진 인재들이 진입할 길을 원천적으로 막아둔 셈이다. 후보자가 누구인지도 모른 채 투표하는 유권자들 사이에서 '자격을 제한할 거면 왜 직선제를 하는가'라는 회의론이 나오는 이

유다. 특정 집단 중심의 후보군은 필연적으로 공급자 중심의 행정으로 흐
르기 쉽고, 이는 교육계 전반의 폐쇄성을 강화하는 악순환으로 이어질 수
있다.

이러한 구조적 한계는 국가교육위원회가 2026년 1월에 국민들에게 공
개한 「공교육 혁신 보고서」에서 여실히 드러난다. 보고서 말미에 수록된
'전문가 토론회 참여자 명단'은 그 이유를 고스란히 보여준다. 참여자 30명
중 현직 교사 및 학교장이 16명, 대학교수가 8명, 국책연구기관 및 교육위
관계자가 6명이다. 30명 전원이 단 한 명의 예외 없이 교육계 내부 이해관
계자들이다. 개별 위원들의 전문성은 훌륭할지라도, 사회 변화의 최전선
에 있는 외부 인사가 전무한 상태에서 논의는 자연스럽게 현재의 사범대·
교대 체제 안의 교육으로 수렴될 수밖에 없다. 교육계 내부 논리로는 사범
대의 특정 교과목을 빼거나 통폐합하자는 제안을 꺼내기조차 어렵다. 동
료 교수의 존립과 예비 교사의 임용 문제로 직결되기 때문이다. 결국 과감
하게 덜어내고 새로운 가치를 채우는 혁신은 실종된 채 기술적인 보완책
만 늘어놓게 된다.

나아가 학제 개편과 같은 본질적인 논의도 요원해진다. 정보 습득이 빨
라진 시대적 흐름에 맞춰 아이들이 사회에 진출하는 시기를 앞당기는 논
의는 더는 미룰 수 없는 과제다. 그럼에도 내부자들에게 교육 기간 단축은
교원 감축과 예산 축소라는 생존의 위협으로 읽히기 쉽다. 자신의 근간을
흔들 수 있는 혁신안을 스스로 내놓기를 기대하는 것은 구조적으로 무리
가 있다.

과거 우리 기업들이 외환위기 이후 외부 컨설팅을 수용하며 가장 고심
했던 지점은 '외부자의 시각'을 인정하는 것이었다. 평생 현장을 지켜온 자
부심이 앞섰지만, 역설적으로 그 전문가들이 모인 조직에서도 문제는 쌓
여갔다. 혁신을 위한 기획은 이해관계를 내려놓고 객관적인 시선으로 밑

그림을 그리는 것에서 시작된다. 그 시각을 수용하고 실행하는 것은 현업의 몫이지만, 기획 단계만큼은 '낯선 시선'을 통한 충격 요법이 필수적이다.

국가교육위원회에 거는 기대는 여전하다. 논의 과정을 투명하게 공개하며 소통하려는 노력은 매우 고무적인 변화다. 이 땅의 아이들을 위한 이러한 선의의 지적들이 논의 구조를 다시 폐쇄적으로 만드는 구실이 되어서는 안 된다. 교육이 교대와 사범대 그리고 교육학 박사의 전유물이라는 고정관념에서 벗어날 때 진정한 혁신이 시작된다. 교육계가 쌓아온 풍부한 현장 전문성 위에, 세상의 변화를 겸허히 수용하는 외부의 시각이 결합된다면 우리 교육은 비로소 꽃필 수 있을 것이다. 위원회가 수립할 「중장기 국가교육발전계획(2028-2037)」 본 보고서에서는 성벽을 넘어선, 파격적이고도 따뜻한 혁신의 통찰을 만날 수 있기를 진심으로 고대한다.

후회 없는 대학 선택 가이드

많은 수험생과 학부모가 대학입시를 인생의 모든 승부가 결정되는 종착역이라 믿는다. 하지만 대학은 긴 인생 여정의 초반부에 위치한 하나의 지점일 뿐이다. 운동 경기에 비유하자면 입시는 본선에 앞선 '예선전'이다.

수영 경기를 떠올려 보자. 국제 규격 수영장의 본선 레인은 총 8개다. 예선 성적이 가장 좋은 선수는 물살의 저항이 가장 적고 양옆 선수를 살피며 레이스를 주도할 수 있는 가장 안쪽, '4번 레인'을 배정받는다. 반면 예선 성적이 턱걸이였던 선수는 벽면의 파도 반동이 심해 가장 불리하다는 끝자락, '8번 레인'에 서게 된다.

4번 레인에 선 선수가 유리한 조건에서 출발하는 것은 사실이지만, 그렇다고 8번 레인 선수의 우승 가능성이 0%인 것은 아니다. 역사적인 경기들을 보면 8번 레인의 기적은 심심치 않게 일어난다.

대학 진학도 마찬가지다. 소위 '명문대'라 불리는 곳은 인생의 다음 라운드에서 조금 안쪽 레인을 배정받는 것일 뿐, 그 자체가 금메달을 보장해주지는 않는다. 중요한 것은 내가 배정받은 레인에서 어떤 속도로 헤엄칠 것인가를 설계하는 실질적인 발전전략이다.

'대학순위 한 칸 위'보다 중요한 것은 '사회 진입 경쟁력'이다

AI가 인간의 영역을 대체하고 경제 성장률이 둔화된 시대다. 이제는 단순히 대학 순위를 한 단계 올리는 '간판 갈아치우기'보다, 사회라는 거친 파도를 어떻게 넘을 것인지 '실전 생존력'을 냉정하게 따져봐야 한다. 이는 단순한 학벌의 우위보다 직무에 대한 전문성이 우선시되는 시대적 흐름을 반영한 것이다.

인문계열은 '자격증'과 '융합'이라는 핵심 역량을 장착해야 한다. 학과 이름의 화려함에 현혹되지 말아야 한다. 변호사, 회계사, 노무사처럼 법적 보호를 받는 전문직 자격증이나 보육교사, 상담사 등 취업 시장에서 즉각 효력을 발휘하는 자격증 취득이 용이한 커리큘럼인지 확인해야 한다. 심지어 서울대학교 아동가족학과조차 홈페이지에 '취득 가능한 자격증'을 전면에 내세우며 실용성을 강조한다. 이는 최상위권 대학들조차 학문적 깊이만큼이나 실무 역량을 중요하게 여기기 시작했음을 시사한다. 또한, 문과라 할지라도 데이터 분석이나 IT 활용 능력을 배우는 학과를 골라야 한다. 중앙대 응용통계학과처럼 문과 소속이지만 이과 못지않게 컴퓨터와 데이터를 다루는 곳이 사회 진출 시 훨씬 강력한 경쟁력을 가질 수 있다.

자연·공학계열은 국가의 '자본'과 '운명'이 흐르는 곳을 볼 수 있어야 한다. 정부와 대기업이 수조 원을 투입하는 분야는 그만큼의 일자리와 예산이 쏟아진다. 반도체, 이차전지, 우주항공, AI 등 국가 전략 산업 분야에 주목하라. 특히 삼성전자나 현대자동차 등 대기업 입사가 보장되는 '채용조건형 계약학과'나 입학과 동시에 취업이 확정되는 '조기 취업형 계약학과'는 불확실한 시대에 가장 강력한 성장 통로다. 남들이 선망하는 대학순위 한 칸 위의 유명 대학 일반 학과보다 실질적인 채용 보장 혜택이 있는 학과가 20대를 훨씬 안정적으로 만들어 줄 것이다.

가성비와 투자를 따지는 '현명한 경영자'가 되어라

대학을 선택할 때는 부모님의 경제적 여건과 나의 미래 가치를 동시에 고려하는 경영자가 되어야 한다. 서울의 살인적인 생활비와 등록금을 고려하면, 단순히 '인서울'타이틀을 위해 무리한 투자를 하는 것은 위험할 수 있다. 특히 거주 비용을 포함한 총 기회비용을 냉철히 계산해 보아야 한다. 이때 우리가 반드시 확인해야 할 지표가 바로 '학생 1인당 교육비'다. 이는 대학이 학생 한 명의 미래를 위해 연간 얼마의 예산을 쏟아붓고 있는지를 나타내는 척도다.

다음은 대학알리미에서 공시하고 있는 2025년 학생 1인당 교육비 상위 30개 대학의 명단이다.

순위	학교명	금액(천원)	순위	학교명	금액(천원)
1	태재대학교	311,618	16	한국예술종합학교	31,166
2	KENTECH	184,342	17	아주대학교	28,978
3	POSTECH	132,731	18	가톨릭대학교	28,497
4	DGIST	98,424	19	한양대학교	27,923
5	KAIST	95,024	20	울산대학교	27,424
6	GIST	88,586	21	부산대학교	27,221
7	UNIST	76,402	22	경북대학교	27,083
8	서울대학교	63,021	23	연세대학교(미래)	26,981
9	한국기술교육대학교	46,081	24	국립목포대학교	26,808
10	한국전통문화대학교	44,738	25	전남대학교	26,483
11	차의과학대학교	44,021	26	제주대학교	26,312
12	연세대학교	39,660	27	국립한국해양대학교	25,202
13	고려대학교	33,159	28	전북대학교	25,076
14	성균관대학교	32,425	29	국립목포해양대학교	24,879
15	한림대학교	31,847	30	중북대학교	24,860

이 통계는 우리가 알던 기존의 대학 서열과는 전혀 다른 진실을 말해준다. 새로 생긴 혁신 대학 태재대학교나 국가가 설립한 KENTECH(한국에너지공과대학)은 학생 한 명에게 연간 1억 8천만 원에서 많게는 3억 원 이상을 투자한다. 이들은 학생 수는 적지만 국가와 재단의 막대한 지원을 바탕으로 최상의 교육 밀도를 제공하고 있음을 알 수 있다.

또한, 국가가 전폭적으로 지원하는 4대 과학기술원(KAIST, GIST, DGIST, UNIST)과 사립대 중 독보적인 투자력을 자랑하는 POSTECH은 학생들이 학비 걱정 없이 연구에만 몰입할 수 있는 최상의 환경을 보장한다. 서울대학교가 최상의 교육 인프라를 갖춘 것은 주지의 사실이며, 연세대, 고려대, 성균관대 등 주요 사립대학들이 왜 인기가 있는지도 이 수치를 통해 증명된다.

우리가 또 주목해야 할 지점은 바로 지역거점국립대와 특수 목적 대학의 선전이다. 고용노동부가 설립한 한국기술교육대나 국가유산청 소속의 한국전통문화대는 그 설립 취지에 걸맞게 일반 사립대보다 압도적으로 높은 투자액을 기록하며 학생들을 키워내고 있다. 부산대, 경북대, 전남대 등 지역거점국립대들 역시 학생 1인당 2,600만 원으로 평균 이상 정도의 투자액을 보여주고 있다. 특히 정부 정책인 '서울대 10개 만들기' 프로젝트의 시행에 따라 향후 4년간 수조 원 규모의 집중적인 예산 투입이 시작되면서, 이들 대학의 교육 여건은 조만간 서울 주요 사립대 수준을 추월할 가능성이 매우 크다. 결국 진로 설계의 핵심은 남들의 시선이나 과거의 서열이 아닌, 나에게 실질적으로 투자해줄 '곳간 넉넉한 대학'을 골라 다음 라운드의 역전 기회를 잡는 것이다.

서울시립대학교처럼 등록금이 교육 여건에 비해 압도적으로 저렴한 대학을 찾는 것도 매우 영리한 전략이다. 서울시립대의 인문사회대학 한 학기 등록금은 100만 원대 초반이며, 공과대학조차 150만 원 수준으로 일반 사립대 등록금의 4분의 1에서 3분의 1에 불과하다. 중요한 것은 단순히 '싸다'는 점이 아니다. 등록금은 낮게 유지하면서도 학생에게 투입되는 교육 서비스의 질은 상위권을 유지한다. 지방에서 올라오는 학생이라면 서울의 높은 생활비를 고려했을 때, 서울시립대와 같은 대학을 선택함으로써 아낀 등록금을 자기계발이나 전공 역량을 쌓는 시간적·경제적 자본으로 전환할 수 있다.

대학 문턱에서의 '정체'보다
대학 이후의 '질주'를 선택하라

사회에 나가보면 확실히 알게 된다. 스무 살 때의 성적표를 평생의 훈장처럼 달고 사는 사람보다, 대학이라는 공간을 발판 삼아 다음 단계의 실력을 쌓고 증명해낸 사람이 진짜 승자로 대접받는다. 특히 전공이나 적성에 대한 진지한 고민 없이, 오직 '대학 이름 한 칸'을 바꾸기 위해 1년, 2년의 소중한 시간을 기꺼이 N수에 투입하는 선택은 냉정하게 재고해야 한다. 지금 그 자리에 멈춰 서서 얻어낸 '조금 더 화려한 간판'이 사회 진출을 늦춘 시간만큼의 가치를 보장해주는 시대는 이미 지났다. 이제는 시장에 먼저 진입해 실무 경력을 1년이라도 더 쌓는 것이 강력한 경쟁력이 된다.

실제로 요즘 취업 시장에서 가장 인기가 높은 삼성전자나 SK하이닉스의 신입사원 채용 현황을 보면 이 사실이 명확히 드러난다. 이들 기업은 이제 대학입시결과 순위대로 사람을 뽑지 않는다. 지금은 직무 역량을 갖춘 실용적인 인재로 빠르게 대체되고 있다.

명문내를 나왔지만 전공이 맞지 않아 취업에 실패하며 방황하는 친구들보다, 비록 입시 성적은 낮았더라도 본인의 전공에 몰입해 실력을 쌓은 친구들이 SK하이닉스 같은 곳에서 매년 수천만 원의 성과급을 받으며 인생을 즐기는 사례는 이제 흔한 일이다. 기업이 원하는 것은 '과거에 공부 좀 했던 사람'이 아니라, '현장에서 즉각 성과를 낼 수 있는 전공 역량을 갖춘 사람'이기 때문이다. 결국 전략의 핵심은 한 칸의 서열을 위해 시간을 매몰시키는 '정체'가 아니라, 내가 배정받은 레인에서 얼마나 내실 있게 다음 라운드를 준비하느냐에 있다.

설령 이번 입시에서 결과가 좋지 못하여 가장 불리한 8번 레인을 배정받았더라도 결코 낙담할 필요가 없다. 8번 레인에서 출발했다는 사실을 겸허히 인정하되, 기업들이 필요로 하는 첨단 전공이나 실용적인 커리큘럼을 갖춘 대학을 발판 삼아 누구보다 빠르게 사회에 안착하는 것이 훨씬 영리한 투자다.

대학 선택은 단순히 합격증서 한 장을 손에 넣는 행위가 아니라, 다음 단계의 성공을 위해 가장 효율적인 베이스캠프를 차리는 정교한 '투자 전략'이어야 한다. 지금 한 칸의 대학서열을 바꾸기 위해 제자리걸음을 하기보다, 그 너머의 세상에서 어떤 실력을 증명할지 고민하는 학생이 결국 최후의 웃음을 짓게 될 것이다.

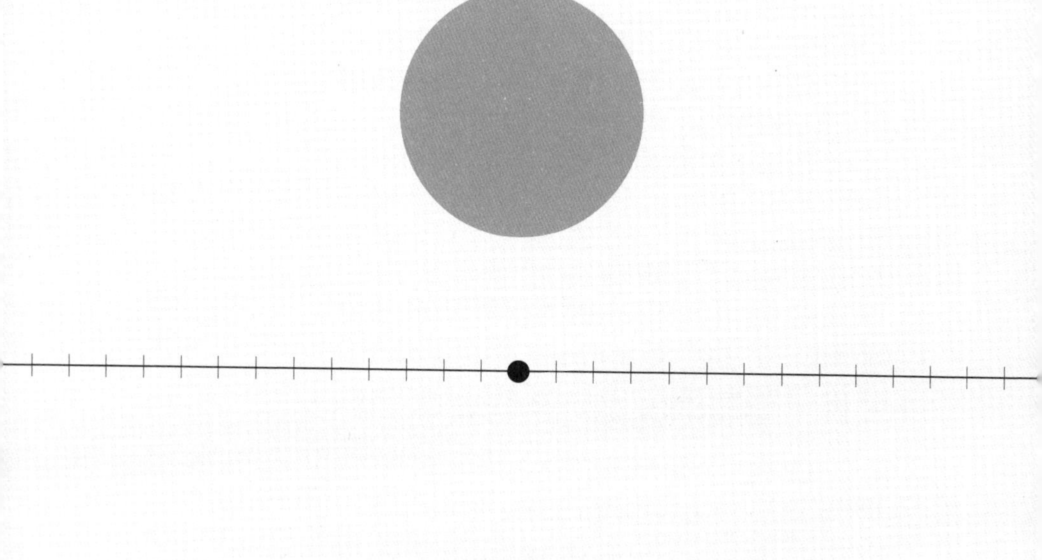

사랑하면 알게 되리니
그 때는 전과 다르게 되리라

몇 해 전, 부산대 심리학과 교수들이 교내 직무박람회에서 벌어진 해프닝에 대해 비판 성명을 낸 적이 있다. 취업을 준비하는 학생들을 대상으로 타로, 지문, 도형 심리검사 같은 비과학적인 프로그램이 진행된 것에 대한 강력한 항의였다. 신뢰도와 타당도가 검증되지 않은 검사를 교육의 장에 들여오는 것은 진리를 추구하는 대학의 명예를 실추시키고 학생들의 자긍심을 깎아내리는 일이라는 지적이었다.

이런 당혹스러운 풍경은 비단 대학 교정뿐만 아니라 교육계 전반에서 심심치 않게 목격된다. 비과학적인 요소들이 버젓이 전문적인 영역을 차지하거나 논의의 중심에 설 때가 많다. 그 풍경이 너무나 자연스러워 보여서, 오히려 이를 지적하는 내가 지나치게 깐깐하거나 고리타분한 사람으로 비칠 때도 있다.

문제는 비과학성뿐만이 아니다. 교육계에는 근거 없는 '감상적인 문구'들이 어른들의 이기심을 은폐하는 수단으로 곧잘 사용되곤 한다. "아이 한 명을 키우기 위해 온 마을이 필요하다"는 말은 그럴듯하게 들리지만, 정작 그 과정에서 아이들이 무엇을 얻는지에 대한 구체적인 내용은 비어 있다. 오히려 이런 구호가 휩쓸고 지나간 자리에는 아이들의 성장보다 일부 시민단체의 목소리만 남는 경우가 허다하다.

"행복 교육"을 내세웠던 곳들을 몇 년 뒤 다시 들여다보면, 정작 아이들의 학력은 급격히 떨어져 있고 어른들만 행복했던 것은 아닌지 의문이 든다. "교육은 지식 습득보다 성장이 중요하다"는 말 역시 아름답지만, '어떻게, 어느 방향으로'에 대한 과학적 설계가 뒷받침되지 않은 교육은 현장을 혼란에 빠뜨릴 뿐이다. 교과서 진도는 뒷전으로 밀려나고, 그 공백을 메우기 위해 아이들은 다시 사교육 시장으로 내몰리는 악순환이 반복된다.

'사랑하면 알게 되리니 그때는 전과 다르게 되리라'는 말이 있다. 애정을 가지고 대상을 대하면 보이지 않았던 부분, 잘못 생각했던 부분, 미처 알지 못했던 부분 등이 발견되어 그 대상을 새롭게 인식하게 된다는 뜻이다.

나는 대한민국에 여전히 선한 어른들이 많이 존재하며, 그들이 진심 어린 선의로 아이들을 위해 분투하고 있다고 믿는다. 이제 그 선의가 감상에만 머물지 않기를 바란다. 아이들을 향한 깊은 애정을 바탕으로 우리 사회가 마주한 냉정한 데이터들을 직시해야 한다. 그 애정 어린 눈으로 데이터를 읽어 내려갈 때, 우리는 관성에 젖어 보지 못했던 교육의 실체를 발견하고, 전과는 다른 길을 찾게 될 것이다.

1장. 데이터가 말해주는 한국사회

1. 국가데이터처, 2025년 8월 경제활동인구조사 근로형태별 부가조사 결과, 2025.

2. 한국경영자총협회, 우리나라 노동시장 이중구조 실태와 시사점, 2025.

3. 국가데이터처, 2023년 국민이전계정, 2025.

4. 한국경영자총협회, 한·일·대만 임금 현황 국제비교와 시사점, 2025.

5. 교육부, 2025년 10월 대학정보공시 분석 결과, 2025.

6. 대학알리미, 기숙사수용률(2025), https://www.academyinfo.go.kr

7. 이대앞 '71만원', 대학가 월세 가장 비싼 곳, 1년새 22% '껑충, 뉴스1, 2025.08.12.

8. 네이버 기업정보, 매출 상위 10개 그룹 정보 재구성, 2025.

9. 산업통상부, 2024년도 바이오산업 실태조사, 2025.

10. 국회입법조사처, 한국사회 불평등의 현주소, 2025.

11. 심재휘·전하람, 대학 진학 선택의 불평등 실태와 변화: 재수·반수 선택의 계층화를 중심으로, 교육사회학연구제35권 제2호, 2025.

12. 국가데이터처-교육부 공동, 2024년 초중고사교육비조사 결과, 2025.

13. 교육부, 교육부 2026년도 예산 106조 3,607억 원 확정 보도자료, 2025.

14. 뉴욕연방준비은행, The Labor Market for Recent College Graduates, https://www.newyorkfed.org/

15. 교육부, 2024년도 고등교육기관 졸업자 취업통계, 2025.

16. 삼성·네이버도 신입 80% 이공계, SKY 문과보다 지방대 뽑는다, 조선일보, 2021.09.06.

17. 한국경제인협회, 2025년 하반기 주요 기업 신규채용 계획 조사, 2025.

18. 한국경영자총협회, 2025 미취업 청년의 취업준비 실태조사 결과, 2025.

19. 일본 후생노동성, 2025년 3월 대학 졸업자 등의 취업상황, 2025.

2장. 격변하는 교육 및 입시제도

20. 산업통상부, 2025년 연간 및 12월 수출입 동향, 2026.

21. 한국교육과정평가원, 2026학년도 대학수학능력시험 응시원서 접수 결과, 2025.

22. '내신 5등급제' 첫학기, 전과목 1등급 2%뿐… "상위권 변별력 있다", 부산일보, 2025.08.05.

23. 서울대학교, 2028학년도 서울대학교 전공 연계 과목 선택 안내, 2025.

24. 경희대학교, 2028 자연계열 학문분야의 고등학교 교과 이수 권장과목 수정 안내, 2025.

25. 교육부, 2025년 교육기본통계, 2025.

26. 한국교육과정평가원, 2025학년도 대학수학능력시험 성적 분석 결과, 2025.

27. Silvia Griselda, Are we testing students accurately? How multiple-choice exam questions increase the gender gap in test scores., Melbourne Institute Research Insight: 05/21, 2021.

28. 서울대학교, 2026학년도 서울대학교 수시모집 선발 결과, 2025.

29. 교육부, 2022년 고등교육기관 졸업자 취업통계조사, 2023.

30. 김수영, 법조인 양성 과정의 기회균등 제고 방안, 로스쿨 제도의 공익적 개선을 위한 정책 포럼, 2025.

31. 법학전문대학원협의회, 로스쿨 인사이드, 2025.

32. 법무부, 2025년 변호사시험 법학전문대학원 합격자 통계, 2025.

33. Times Higher Education, World University Ranking 2026, https://www.timeshighereducation.com/world-university-rankings

34. Barwick, P. J., Chen, S., Fu, C., & Li, T., Digital distractions with peer influence: The impact of mobile app usage on academic and labor market outcomes, NBER Working Paper No. 33054, National Bureau of Economic Research, 2025.

35. 고용노동부, 국가기술자격 취득자의 임금 빅데이터 분석 결과, 2025.

36. 교육부, 2025년 직업계고 졸업자 취업통계조사, 2025.

3장. 미래 유망 진로와 생존전략

37. 개원의사 시간당 소득, 공무원보다 낮다… 왜?, 의협신문, 2020.01.08.

38. 노무라증권, 메모리 슈퍼 사이클과 SK하이닉스, 2025.

39. LinkedIn, Jobs on the Rise 2026: The 25 fastest-growing roles in the U.S., 2026.

40. LinkedIn, Jobs on the Rise 2026: The 25 fastest-growing Jobs in the UK, 2026.

41. 권인호, 대한민국 원격의료의 발달 과정, 보건산업정책연구 PERSPECTIVE Vol.3 No.2, 2023.

42. 서울대학교, 2028학년도 대학 신입학생 입학전형 주요 사항, 2025.

43. 경희대학교, 2028학년도 경희대학교 대학입학전형계획 주요사항, 2025.

44. 교육부, 조기취업형 계약학과 선도대학 육성사업 기본계획, 2018.

45. 보건복지부, 국민중심 의료개혁 추진방안에 관한 연구, 2025.

46. 보건복지부, 의사인력 수급추계 결과, 2025.

47. 보건복지부, 2027년부터 5년간 지역필수공공의료에서 일할 의사인력 연평균 668명 양성하기로(보도자료), 2026

48. 보건복지부, 지역의사양성법 시행('26.2.24)을 위한 시행령 및 시행규칙 제정안 입법예고, 2026.

49. 국가교육위원회, 공교육 혁신 보고서, 2025.

50. 국가교육위원회, 국가교육위원회 위원 21인, https://www.ne.go.kr/

51. "대학 직무박람회에서 타로라니" 화난 심리학과 교수들, 국제신문, 2021.11.17.

한국사회를 알면
진로와 진학이 보인다

초판 1쇄 발행 2026년 3월 1일

지은이 조진표

발행인 김병주
편집위원회 한민호 김춘성 방나희
디자인 정진주　**마케팅** 진영숙
에듀니티교육연구소 이문주 백헌탁

펴낸 곳 (주)에듀니티교육연구소
도서문의 1644-5798
일원화 구입처 031-407-6368 (주)태양서적
출판사 신고번호 제 2025-000072
주소 서울특별시 중구 남대문로 117, 동아빌딩 11층
출판 관련 문의 book@eduniety.net
홈페이지 www.eduniety.net
페이스북 www.facebook.com/eduniety
인스타그램 www.instagram.com/eduniety

ISBN 979-11-995055-9-9

값은 뒤표지에 있습니다.

투고안내